ペア学習&
グループ学習で
つくる!

算数学び合い授業
アイデアブック

宮本博規・藤本邦昭・清水 修 編著
熊本市算数教育研究会 著

明治図書

はじめに

　「これが完結編だ」という思いでまとめたのが，昨年出版した「算数学び合い授業」シリーズの第3弾『算数学び合い授業パーフェクトブック』でした。しかし，第1弾『算数学び合い授業スタートブック』，第2弾『算数学び合い授業ステップアップブック』を含め，冷静に読み返してみると，もう少し掘り下げて触れておきたかったなと思うことがいくつかありました。
　その中の1つが，「ペア学習」と「グループ学習」でした。
　学校現場では，「学び合い」というと，即ペア学習，グループ学習と思われがちです。もちろん，ペア学習もグループ学習も学び合いの重要な手法の1つです。しかし，単にペア学習を取り入れたから，グループ学習を取り入れたからといって，それが必ず有効に機能するとは限りません。形式的に取り入れるだけでは，子どもの学びは深まらないのです。
　また，新しい学習指導要領が目指すところの「対話的な学び」を実現するためにも，ペア学習やグループ学習の質の高まりは必須です。
　この算数学び合い授業シリーズ第4弾『ペア学習＆グループ学習でつくる算数学び合い授業アイデアブック』はそんな思いの中から生まれました。

　本書は2章構成になっています。
　前半の第1章では，まず，ペア学習やグループ学習を算数授業に取り入れる意義を，「子どもの状態をそろえ，立ち止まらせる」「子どもの力を最大限に引き出す」など6つに整理し，提起しています。
　また，ペア学習を取り入れるポイントやグループ学習を取り入れるポイントも改めて整理し直し，提案しました。実践に移すうえで必ず押さえておきたいポイントばかりです。
　この第1章を受ける形で，第2章「ペア学習，グループ学習を位置づけた学び合い授業の事例30」は構成されています。
　1年の事例5本は，子どもの発達段階に配慮して，すべて「ペア学習」を

位置づけた学び合い授業です。2年から6年までの計25本には「グループ学習」を位置づけた事例もたくさん紹介しています。

　これらの事例は，ペア学習やグループ学習の意義を理解し，取り入れるポイントを明らかにしたうえで授業計画を立て，実践に取り組んでもらったものばかりです。ですから，事例の中の写真も，実践のポイントになる場面がうまくおさめられています。おそらく，写真を見るだけでも，授業のイメージが自然とわいてくると思います。

　ペア学習やグループ学習について今一度整理する意味でも，まずは第1章に目を通していただければと思います。
　第2章の事例については，順番に読んでいってもよいですし，興味を引かれた単元，授業から読んでいただいても結構です。また，ペア学習だけ，グループ学習だけ読んでいっていただくのもよいと思います。きっと目を通す中で，「なるほど，ペア学習やグループ学習は，こうやって仕組めばいいのか」と改めて気づき，ひらめくことがあると思います。

　実践後，執筆にかかわった多くの授業者から「本当に授業が変わってきた。アクティブになった。だから，子どもがこれまで以上に生き生きと活動していた」といった感想が聞かれました。このように，この本が読者の先生方のこれからの授業改善に少しでもお役に立てればうれしい限りです。
　最後になりましたが，本書の刊行に当たり，明治図書の矢口郁雄氏には，企画の段階から数多くの助言や励ましをいただき心より感謝申し上げます。これまでのシリーズ同様，大変お世話になりました。

2018年5月

宮本　博規

もくじ

はじめに

ペア学習，グループ学習の活用で授業がもっとアクティブになる！

❶ペア学習やグループ学習を算数授業に取り入れる意義
  1 子どもの状態をそろえ，立ち止まらせる……8
  2 子どもの力を最大限に引き出す……9
  3 苦手な子どもを授業に巻き込む……9
  4 子ども同士のつながりを強める……10
  5 学びに向かう力や学び合いの心を育てる……10
  6 学びの基本姿勢をつくる……11

❷ペア学習を取り入れるポイント
  1 子どもの組み合わせに配慮する……12
  2 短時間の活動を繰り返し行う……13
  3 ペアで課題を解決させる……14
  4 "本当に"必要な場面で活用する……15
  5 個とペアで行う学習の違いを意識させる……16
  6 ペア学習の基本的な方法，手順を教える……17

❸ グループ学習を取り入れるポイント
1. メンバー構成に配慮する……18
2. 目的に応じて形態を使い分ける……19
3. ペア学習と組み合わせる……20
4. グループで課題解決を行う……21
5. 形態を変化・進化させる……22
6. ダイナミックに行う……23
7. グループ学習の基本的な方法，手順を教える……24

ペア学習，グループ学習を位置づけた学び合い授業の事例30

1年

「増えて増える」ときの計算をしよう！（3つのかずのけいさん）	【ペア】	……26
2＋□＝■■ の□に入る数はどれかな？（たしざん（2））	【ペア】	……30
「もういいかい」「まぁだだよ」ゲームをしよう！（かたちづくり）	【ペア】	……34
影絵遊びをしよう！（かたちづくり）	【ペア】	……38
どれが一番広いかな？（大きくらべ（2））	【ペア】	……42

2年

丸いものの長さを調べよう！（長さ）	【グループ】	……46
「さわって見つけて」ゲームをしよう！（三角形と四角形）	【グループ】	……50
6枚の面を選んで箱の形をつくろう！（はこの形）	【ペア】	……54

3年

どの木のまわりの長さか調べてみよう！（時間と長さ）	【グループ】	58
おだんごゲームをしよう！（あまりのあるわり算）	【ペア】	62
あまりの3をどうすればよいのかな？（あまりのあるわり算）	【ペア】	66
1Lマスを早くいっぱいにしよう！（小数）	【グループ】	70
答えはいつも同じように減るのかな？（2けたをかけるかけ算の筆算）	【グループ】	74
買い物で役立つ暗算の仕方を考えよう！（トピック教材）	【ペア】	78

4年

あまりの数からもとの数がわかるのはなぜ？（式と計算の順じょ）	【グループ】	82
「1cm²のいくつ分」で面積を考えよう！（面積）	【グループ】	86
長方形で正方形をつくろう！（面積）	【グループ】	90
「だいたい500」をつくろう！（がい数とその計算）	【ペア】	94
分数ババ抜きをしよう！（分数）	【グループ】	98
どの部分が2ずつ増えるのかを考えよう！（変わり方）	【ペア】	102
まぼろしのモンスターを閉じ込めよう！（直方体と立方体）	【グループ】	106

5年

矢じり形は本当に敷き詰まっているの？（合同な図形）	【グループ】	110
たしてもひいてもなぜ偶数にしかならないの？（整数）	【グループ】	114
じゃんけんゲームの勝者はどっち？（平均とその利用）	【ペア】	118

6年

拡大図と縮図のかく方法を編み出そう！（図形の拡大と縮小）	【グループ】	122
一番速いのはだれかな？（速さ）	【ペア】	126
全部数えないで300枚の画用紙を用意しよう！（比例と反比例）	【ペア】	130
情報提供コンサルタントに挑戦しよう！（資料の調べ方）	【グループ】	134
表をかいてきまりを見つけよう！（変わり方を調べて（2））	【ペア】	138
どうしてどちらも24通りになるのかな？（場合を順序よく整理して）	【ペア】	142

第1章

ペア学習,グループ学習の活用で授業がもっとアクティブになる!

1 ペア学習やグループ学習を算数授業に取り入れる意義

1 子どもの状態をそろえ，立ち止まらせる

> 「お隣と相談してごらん」
> 「班の友だちと相談してごらん」
> こういった指示を，時折，明確な目的もないままに使っていないでしょうか？

　筆者自身も，古い授業ビデオを見ると，時折ペア学習やグループ学習を促す指示をしているのですが，残念ながらタイムリーな使い方をしている場面は意外と少ないものです。促された子どもたちが，いったい何を相談すればよいのかわからず，むだな時間を費やしていることも少なくありません。

　もちろん，ペアにしろグループにしろ，中身の濃い話し合いは望むところではありますが，一番の意義は「子どもの状態をそろえ，立ち止まらせる」という点ではないかと考えます。

　ごく一般的なクラスなら，授業展開についていけない子どもは当然いるはずです。ペア学習やグループ学習は，そういった子どもたちがみんなに追いつくチャンスですし，今やっていることの確認がとれるだけでも意義深いものです。

　教師の視点から見れば，ペアやグループで話し合う時間は，ここまでの授業を振り返り，この後の展開を考える貴重な時間でもあるのです。

2 子どもの力を最大限に引き出す

> 45分間の授業を，教師→子どもという一斉型の形態だけで展開していると，発言できる子どもや黒板などに意見を発表できる子どもの数は少数に限られます。大半の子どもたちは，その力が生かされず，不完全燃焼のままで終わっているのです。

　教師同士の授業の研究協議会でも，最近よく見かけるのが，まずは少人数によるグループ協議を行い，次に協議したことを発表し合い，最後にその発表内容を基にさらに全体協議で深めていく，という方法です。
　これは，参加者の全員参加を促す方法です。少人数でグループ協議という形をとると，大勢のときよりも人と人の距離が縮まり，発言しやすい雰囲気になり，実際に発言の機会は増えますし，構えず気軽に質問などもできます。
　算数の授業においても，同じことが言えます。ペア学習やグループ学習は子どもの全員参加を促し，子どもの力を最大限に引き出す方法になっていると言えます。

3 苦手な子どもを授業に巻き込む

> 自分の子ども時代を振り返ると，苦手な教科ほど一斉型で進められる授業の方が楽だと感じていました。板書を小まめにノートに写しておきさえすればよいからです。しかし，これでは学習者が主体的に学んでいるとは言えません。しかも，本当の理解は得られないのです。

　算数が苦手な子どもを授業に巻き込むには，同じ学習者，つまり友だちとのかかわりを増やし，苦しんでいるところに手を差し伸べてくれる学びの場をつくることです。

時には否応なしに活動するようにまた思考するように仕向けていくような手立ても必要でしょう。そのためにペア学習やグループ学習はうってつけの学習形態であると言えます。

4 子ども同士のつながりを強める

> 学習したことは，最終的には個に落とし込むわけですが，その個を高めるうえで，仲間の存在が重要になってきます。公教育においては，友だち同士の学び合いはとりわけ大事なものであると言えます。

筆者が大事にしている学び合い授業を展開していくと，子ども同士のつながりやかかわりが強くなっていくことが実感できます。

また，子ども同士のつながりやかかわりが強くなれば，学び合いの質はさらに高いものになっていきます。

そして，ペア学習やグループ学習がより洗練されたものであればあるほど，子ども同士のつながりはより強いものになるのです。

5 学びに向かう力や学び合いの心を育てる

> 新しい学習指導要領において，育成するべき資質・能力の「三つの柱」の1つとして示されたのが，「学びに向かう力，人間性」です。この「学びに向かう力，人間性」に加え，「学び合いの心」を育てることは，特に公教育が担うべき重要な役割です。

仲間と目的をもって活動するペア学習やグループ学習は，学びに向かう力や，学び合いの心を自然にはぐくんでくれる学習の場です。

なかなか1人ではやる気が起きないときでも，仲間がいれば自然にやる気がわいてきます。場合によっては，適切なアドバイスももらえます。また，

困難な状況に陥っても，仲間が励ましの言葉をおくってくれます。

6 学びの基本姿勢をつくる

> 若い先生の中には，子どもたちの学びの基本姿勢をなかなかつくることができず悩んでいる方が少なくありません。学びの基本姿勢は，時間が経てば自然に身についていくものではなく，そこには教師の意図的な工夫や方策が必要です。また，教師がちょっと油断している間に，すぐに子どもたちの学びの基本姿勢は崩れかけてくるのです。

　学びの基本姿勢とは，例えば「人の話を聞くときは話し手の方を向く」とか「話すときは教室の後ろまで聞こえる声で話す」といったことです。「先生や友だちの話は最後までしっかり聞く」。これもまた，学びの基本姿勢の１つでしょう。
　ペアやグループで活動させる時間は，この学びの基本姿勢を徹底させるよい機会です。教師が一方的に指導するよりも，ペアやグループで活動している方が，子ども同士で自然に相互評価し合いながら活動を進めることができるからです。

② ペア学習を取り入れるポイント

1 子どもの組み合わせに配慮する

> トークがいっこうに弾まないペアがいます。弾まないどころか、お互いの考えの確認すらできないペアもいます。昔はくじ引き等で気軽にやっていた席替えも、今は教師の大事な専権事項です。子どものペアの組み合わせへの配慮は、生活面だけではなく学習面にも大いに影響を及ぼすのです。

　指示を与えても、何をするわけでもなく、実にもったいない時間を過ごしているペアがいます。ペア学習を成立させるのは、実は簡単なことではないのです。

　例えば、4月当初1か月くらいは、男女隣同士で名簿順に席を決めたとします。そして、努めて授業の中でペア学習を試みます。

　よく授業のはじめに既習内容を振り返る場面を設けます。「整数と小数」の授業では、全員を起立させ、

　「『3.75』の5は何の位と言ったかな？　お隣の人と確認してごらん。お互いに確認できたら座りなさい」

と促します。お互いが「$\frac{1}{100}$の位」と言うことができたら OK です。

　言葉での確認だけではなく、

　「『3.75』は0.01を何個集めた数かな？　ノートにその数を書きましょう」

と、時にはノートで確認し合う場面も取り入れます。

こういった簡単なペア学習を取り入れながら，子どもたちの学び合う姿勢や態度を観察していきます。そうして，学び合いの心がこれまでに育っている子とある程度はその意識が見える子，これから育てていかなければならない子など，一人ひとりの実態を把握するのです。これらの実態と算数の学力を加味して，ゴールデンウィーク明けに第１回のペアの組み替えを行います。
　これから学び合いの心を育てていかなければならない子ども同士がペアになれば，当然ペア学習の成立は難しくなります。組み合わせに配慮しながら，学び合いの意識の輪を広げる努力を続けていくのです。

2 短時間の活動を繰り返し行う

> 　最初からペア学習に長い時間をとっても，子どもたちにとっては苦痛です。最初は明確な指示のもと，短時間の小刻みなペア学習を繰り返し授業の中に入れていきます。１分，２分…５分と，少しずつ増やしていくのがコツです。

　ペアによる「相談」や「課題解決」は，少し高度な活動です。
　したがって，最初のうちは，ごく短時間でできる「確認」がおすすめです。
　「隣のお友だちが３の段の九九をしっかり書けているかどうかを確認してごらん」
というように，短時間でできる「確認」のためのペア学習を促します。
　「伝達」も，短時間でできる活動の１つです。
　「自分の解き方をお隣の友だちにお話ししましょう」
と促します。
　その指示の中に，動作や操作を入れると，より相手の理解がスムーズになり，時間的にも短くて済むようになります。

3 ペアで課題を解決させる

> ペアによる活動は様々です。確認，伝達，相談，そして課題解決です。算数の授業では，操作用具や学習教材によっては，個人よりもペアで解決活動を行った方が効率的で，よい解決方法につながる場合があります。

　次に紹介する3年「分数」の導入授業では，ペアによる課題解決が中心になります。本時の目標は「1mを2等分（3等分，4等分）した1個分の大きさを，分数で$\frac{1}{2}$m$\left(\frac{1}{3}\text{m}, \frac{1}{4}\text{m}\right)$と表すことを理解する」ことです。

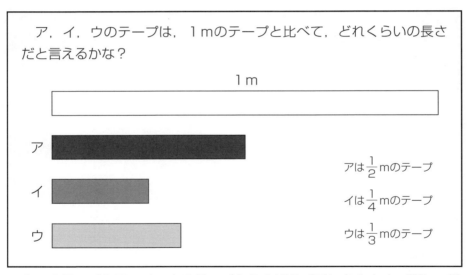

　1mのテープとア，イ，ウのテープを2人組のペアに各1本ずつ配り，操作しながら考えるように促します。机からはみ出る1mのテープの操作ということを考えると，3年生にはペアでの操作が最適のようです。

　2人で協力してアのテープは1mの半分，つまり$\frac{1}{2}$mということを操作

しながら見つけます。イ，ウのテープも同様です。1mのテープを折って見つけるペアもいれば，逆に1mのテープの上にアのテープなら2個，イのテープなら4個並べて，$\frac{1}{2}$mや$\frac{1}{4}$mを見つけるペアもいます。

1年「大きいかず」の授業でもペアでの課題解決を行いました。

ペットボトルのキャップを使った「つかみとりゲーム」で，100までの数の大小比較の仕方を考え，100までの数の大小を理解する場面です。

赤キャップが出たら10点，青キャップが出たら1点とし，ペアになってゲームを行います。

4 "本当に"必要な場面で活用する

> 「ちょっとお隣と相談してごらん」
> 「ちょっと近くの人とお話をしてみてください」
> 　授業中，教師がよく使う指示です。しかし，指示を出したわりには，10秒足らずで切り上げてしまう場面をよく見かけます。子どもたちは相談するどころか顔を見合わせただけです。

ペア学習は，"本当に"必要な場面でこそ活用すべきです。

5年「合同」の授業では，事前にいくつかの場面でペア学習を計画しました。5つの三角形を模造紙にかき，それを巻物にして少しずつ三角形が見えるように広げながら提示しました。そして，

「形も大きさも同じ三角形はどれだろう？」

という問いを投げかけました。

　計画していたペア学習はここからです。「どうすれば見つけることができるか」という方法的なことをペアで考えさせる場面です。
　2人で考えたことはノートにまとめるように指示しました。
　「三角形を切り取って重ねていく」といった考えや「辺の長さや角の大きさを測ってみる」という考えも出ました。残念ながら「三角形を写し取って重ねてみる」という間接比較の考えは出ませんでしたが，この活動はペアで行うのが効率的で効果的でした。
　このように，計画通りうまくいく場合もあれば，計画していてもうまくいかない場合もあります。また時折，突発的に行ってうまくいく場合もあります。要は授業の流れの中で，今，子どもたちにとって本当にペア学習が必要かどうかを見極めることが大事なのです。

5 個とペアで行う学習の違いを意識させる

　筆者は，45分間の授業の中で，必ず自力解決の場を設けます。ペアになり協力して思考し活動する学習も大事ですが，自力で問題に挑む経験を積ませ，その大切さを知らせることも大事です。教師ならば，自力解決とペア学習，それぞれのよさや特性を自分なりに整理して授業に臨みたいものです。

筆者は，隣同士の机をぴったりくっつけるのではなく，10cm程度，机と机の間を微妙に離すようにさせていた時期があります。

　学習は最終的には個で行うもので，自力解決が求められます。すぐさま友だちの助けを借りるのではなく，まずは自力でやってみる，トライしてみる姿勢が大切です。この10cmのすきまに，その気持ちを込めていました。

　もちろん，ペアで取り組む際には，その10cmのすきまは埋めます。お互いに協力しよう，共に考えようという合図です。

6 ペア学習の基本的な方法，手順を教える

> 　ペアでの活動を促されても，ただボーっとして過ごす2人組を少なからず見かけることがあります。ペア学習の意義を教えていないばかりか，どうすればよいのか，方法や手順も教えられていないのです。だから，「どうする～？」「何する～？」で，時間だけが過ぎてしまいます。

　まず，場づくりです。机と机をくっつけます。普通は机の横と横をくっつけますが，活動内容によっては向き合う形でくっつける場合もあります。

　そして次に，アイコンタクト。目を合わせて，2人で何をするのかを確認します。教師からの問いや指示の確認です。2人とも確認が取れないときは近くのペアに尋ねます。

　次に，操作用具等が必要ならそれを準備し，ノートかプリントに相談したことや考えたことをまとめます。2人とも同じ内容が書けたかどうか確認し合うとよいでしょう。

　このような方法，手順が，学習を行ううえでごく当たり前のものになるよう実践を積み重ねることが大事です。

③ グループ学習を取り入れるポイント

1 メンバー構成に配慮する

> グループ学習のメンバー構成は，ペア学習の組み合わせ以上に重要です。４人グループを基本と考えると，配慮してつくったペア２つを組み合わせるわけですから，当然うまくいきそうな気もしますが，それでもいくつかの配慮事項が出てきます。

　筆者はかつて，あえて不仲同士を同じグループにして様子を見たり，これを機会に人間関係を深めさせようという試みを行ったりしたものでした。しかし，このような試みは，かなりのリスクを背負うことになるので，あまりおすすめできません。基本的には，男女の仲がよく，メンバーの多くが学び合う心をもっているということが大切になります。

　また，学級の総人数にもよりますが，筆者は男女半々の４人グループを基本と考えてきました。その中に１人，リーダーシップをとれる子が入れば申し分ないでしょう。教師の，
　「グループになって各自の考えを交換してみましょう」
といった指示に，グループのメンバーが顔を見合わせているばかりでは活動は進みません。率先して，
　「さあ，やろうよ」
とみんなを後押ししてくれるリーダーを４月から意識して育てることが大切です。

2 目的に応じて形態を使い分ける

> お互いの考えを確認するだけならペア学習で十分です。お互いの考えを伝え合う，つまり伝達の活動もペア学習で OK です。しかし，目的が相談になってくると，ペアがよいか，グループがよいか微妙なところです。当然その内容にもよります。課題解決も同様です。内容だけでなく，操作用具なども関係してきます。

　授業が終盤にさしかかると，筆者はよく，子どもたちの反応を基に練り上げてきた考え方について，再度確認する時間をとります。大抵は「問い返し」の発問によってその確認を行います。
　４年「小数×整数」の計算の仕方を考える学習で，次のような問題を提示しました。

> 0.2Lの牛乳を6本買います。
> 牛乳は全部で何Lになりますか。

　めあて（問題に対する課題）は，
「小数×整数はどう計算すればいいかな？　計算の仕方を考えよう」
としました。
　途中の展開は省きますが，このときの終盤の練り上げ後，
「どうして，小数点を右にずらすことができるのかな？　どう考えると0.2×6が2×6になるのですか？」
と問い返し，グループで考えさせました。時間にして２，３分，ホワイトボードに整理させたのです。
　授業中かなり多くの子どもたちが解決に戸惑っている場合，問題把握のためにグループで協議させることもあります。

授業がうまい教師を見ていると，話し合わせるときは，ペアがよいか，グループがよいか，その使い分けもうまいものです。

3 ペア学習と組み合わせる

> ペア学習とグループ学習は，「ペア学習・グループ学習」と，同じくくりにして扱われることが多いようです。単に人数の違いだけのように思われている節もあります。しかし，実際はそうではありません。ペア学習にはペア学習のよさや特性があり，グループ学習にはグループ学習のよさや特性があるのです。組み合わせる場合，そのよさや特性に応じていくことが求められるわけです。

ペア学習は大抵隣同士で行いますから，ちょっと机を寄せれば手軽にできます。一方グループ学習の場合は，多少の場づくりが必要になります。

4年「分数」の授業で$\frac{1}{2}$と$\frac{2}{4}$が等しいかどうかを考える場面で，自力解決の後，まずはペアになって自分なりにかいた線分図などを使って説明する時間を取りました。

ペア同士が右のような図をかいていれば説明もスムーズにできると思いますが，そうはいかないペアもいます。

そこで今度は，グループにして，図をかいていない子や修正

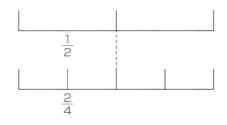

が必要な子には友だちの図を参考に，整理する時間を取ります。

グループ全員の準備が整ったら，再度説明の時間を取ります。自力解決後すぐにグループ学習に移る場合もありますが，作図など作業が伴うときにはペアからグループへと丁寧に段階を踏む方がよい場合もあります。

4 グループで課題解決を行う

> グループで行う活動は，主に相談と課題解決です。特に，グループで課題解決を行うのは，個人やペアで行うよりもよい解決方法につながると考えられる場合です。

6年「文字と式」の授業を例にとります。

はじめのうちは，かなりの子どもたちが式の中に文字が入ることに抵抗を示します。ですから，できるだけ子どもたちの学び合いを大事にして授業を進めます。

縦5cm，横 x cmの長方形の面積 y cm² を求める式が「$5 \times x = y$」になることを理解した後，次のようなグループ学習を2つ行います。

まず「$5 \times x = y$ の式に数値を入れてみよう」と教師が板書します。各グループに配付した封筒の中には，「x が22のとき」「x が7.5のとき」また「y が135のとき」「y が32.5のとき」など8種類のカードが入れてあります。その封筒の中からグループの1人が1枚カードを引き，x や y の数値を求め合う活動です。

続けて行うのは問題づくりの活動です。具体的には，
「$5 \times x = y$ に表される場面をつくろう」
と子どもたちに投げかけ，グループに委ねます。

子どもたちのノートを見ると「1セット5冊のノートを x セット買うと全部でノートは y 冊です」などの問題が書かれていきます。

5 形態を変化・進化させる

> グループ学習といったら,子どもの机が4つ集まった形態をイメージします。この学習形態が一番多いのも事実です。ただ,学習内容によって,少しずつ変化・進化させることも重要です。

グループ学習の基本形態は,Aの机配置と言えるでしょう。

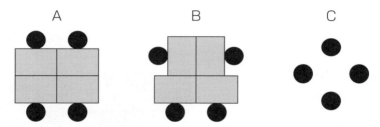

若干変形した形でBの配置にしている学級もあるかもしれません。時折AからBの配置に変化させてみると,こちらの方が話しやすいという声も聞かれます。

Cのように,机を廊下に出したり,教室の後ろに寄せたりして,椅子だけでグループ学習を行う場合もあります。4人の距離がグッと縮まり,これまた相談しやすいという声が聞かれます。例えば,2年でかけ算九九の定着を図る際には,机は取り除いてそれこそ友だちとの距離をグッと縮めて活動させるのがおすすめです。

授業内容によっては,椅子もなしで教室の床にそのまま座らせてグループ学習をさせることもあります。4年「面積」の授業で,B5サイズの用紙を6枚(5枚)合わせた大きさの模造紙を学習材に大きさを比べる活動を仕組んだ際には,B5サイズの教科書やノートで敷き詰めを行う子どもたちの作業の場が,自然に机から床へと移っていきました。

6 ダイナミックに行う

> グループ学習は,メンバーが決まっている班で行う活動ばかりではありません。時には,その場に応じた任意の仲間が集まり,学習を行ってもよいのです。

　例えば,自力解決の時間を経て,黒板にA,B,Cの3人の異なる解法が示されたとします。
　通常なら順番に説明を促すところですが,時間にそれほど余裕がないときには,
「自分が詳しく説明を聞いてみたいお友だちのところに行って,聞いてみましょう」
と指示するのです。
　時間的には,4,5分程度でしょう。教室には子どもたちの大きな固まりが3つできるわけですが,説明が聞きやすいような場づくりが大事です。
　Aさんは教室の前の黒板を使い,Bさんは教室の後ろに準備したボードを使い,Cさんは教室横に準備したホワイトボードを使い,自分の考えを説明します。

7 グループ学習の基本的な方法，手順を教える

　教師が授業中に何度も「それでは班になって相談してごらん」と指示を出しても，子どもたちは机をくっつけたままその先に一向に進まない，ということがあります。また，自然に話は始めるものの，目的に合った内容の話し合いができているかと言えば，必ずしもそうではありません。グループ学習が指示されたら，どういう行動をとるのか，その方法，手順の指導は必要です。

　子どもたちに，事あるごとになんのためのグループ学習なのか，話し合う前に目的を確認し合うように伝えます。そのうえで，次のような手順でグループ学習に取り組むようにします。

　まずは，ペア学習と同じように場づくりです。メンバーみんなが黒板には背を向けないことを基本とします。次が，メンバーによるアイコンタクト。ここで目的の確認です。言い出しはだれでもよいのですが，班長が決まっていればその人が音頭をとればいいわけです。

　そして，1人ずつ自分の考えを出し合います。

「ここをもう少し教えて」

といった発言は特に大事にさせます。メンバー全員がわかり合えるように優しさ溢れるグループ学習を目指したいからです。

「一緒にやってみようか？」

と言いながらメンバーで解法を確認する場面も場合によっては必要です。

　解決活動でグループとしての解法を出す場合には，

「どの考えがいいかな？」

とみんなで知恵を出し合います。

　このように，グループ学習は，メンバー全員を巻き込んで活動するということが何より重要です。

第2章

ペア学習，グループ学習を位置づけた学び合い授業の事例30

1年／3つのかずのけいさん

「増えて増える」ときの計算をしよう！

1 授業の概要

　3つの数の計算にはじめて出合う授業です。授業のポイントは，2つの数の加減の計算に慣れてきた子どもたちに，「あれっ，あんなことしていいの？」という戸惑いやおもしろさを味わわせることです。そのために，お話は1場面ずつ提示します。子どもたちは，ペアでお話に合わせながら数図ブロックの操作を説明し合います。そして徐々に「お話に合わせて計算すればいいんだ」ということに気づいていきます。解決方法の共有ができるのです。

　解決方法がわかると，子どもたちは立式したくなります。2つの式を立てたり，念頭で1つの式を計算した後，2つの数の式を立てたりすることが考えられます。そのタイミングで3つの数の式を取り上げると，パッと見てお話がわかるよさを感じます。さらに「どうやって計算したらいいの？」という課題が生まれます。ここでもペアで計算方法を伝え合うことで「お話の順番に計算すればいいんだ」ということを再確認することができるでしょう。

2 問題

「増えて増える」とき，みんなで何匹になるの？
「増えて増える」ときは，どんな式になるの？
計算は，どうやってするの？

授業のねらい

ペアでの数図ブロック操作や計算方法の交流を通して，3つの数の計算の場面（＋，＋）を理解し，計算することができるようにする。

 授業展開

❶3枚の絵を順番に見て，場面を言葉で表現する

3つの絵と文を時系列で順に示し，数量が「増えて増える」場面をとらえやすくします。子どもたちは，絵を見ながら気づいたことを話し始めます。

T　絵と文を見て，気づいたことやわかったことをペアの人に話して。
T　（ペアで伝え合った後）ペアで話したことをみんなにも伝えて。
C　どんどん増えてるよ。
T　どうして増えてるってわかったの？
C　だって「のりました」って書いてるもん。
C　たし算になるよ。
C　乗ったら増えるからたし算になるよ。
C　でも，2回増えてるなぁ…。

| はじめに 5ひき のって います。 | つぎに 3びき のりました。 | その つぎに 2ひき のりました。 |

❷**数図ブロックを操作して増える様子を説明し合う**

　お話に合わせて1場面ずつ数図ブロックの操作を確認することで，増える様子が納得できるようにします。さらに，ペアで操作の説明をし合うことで，個人差にも対応することができます。

T　数図ブロックを動かして，お話をしてみましょう。増えて増えると，みんなで何匹になるの？

oint!

　　教室を動きながらペアづくりを繰り返すことで，説明の回数を増やす。子どもたちは徐々に増える様子から立式を意識し始める。

C　3匹乗ってガッチャン，2匹乗ってガッチャン。
C　10匹になるよ。
C　なんか，式ができそうだよ。

❸**数図ブロックを操作しながら立式する**

　これまでのたし算との共通点や相違点を確認することで，立式に見通しがもてるようにします。数図ブロックの並びや動きに対応させながら，式に表すように促します。

T 「増えて増える」とき，どんな式になるの？
C 増えるからたし算だよ。
C 2回増えるからどうしよう…。
C 2回増えるから「＋」が2つになるんだよ。
T えっ，3つも数を並べていいの？

oint!

　子どもから1つに表す式の考えが出たら，「3つも数を並べていいの？」「計算できるの？」などと揺さぶりをかけ，説明したいという気持ちを高めます。

❹計算の仕方を確かめ，答えを求める
　気づきや疑問を出し合いながら解決方法の見通しをもたせたうえで，ペアで言葉や図で計算方法を伝え合ったり，戸惑っている友だちの相談相手になったりします。

C お話の通りに順番に足していくといいんだね。

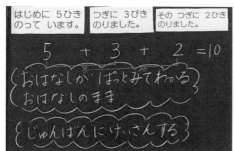
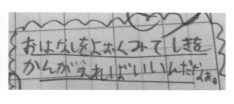

（大久保弘子）

1年／たしざん（2）

2＋□＝■■の□に入る数はどれかな？

授業の概要

「たしざん（2）」の単元の後半に，右のように同じ答えのたし算カードを並べ，並び方のきまりを見つける学習がありますが，この教材はそのアレンジ版です。□に入る数によって答えが変わるという，1年生にとってはじめての活動なので，ペアで相談しながら

11	12	13	14
9＋2	9＋3	9＋4	9＋5
8＋3	8＋4	8＋5	8＋6
7＋4	7＋5	7＋6	7＋7
6＋5	6＋6	6＋7	6＋8
5＋6	5＋7	5＋8	5＋9
4＋7	4＋8	4＋9	
3＋8	3＋9		
2＋9			

行います。当たりの数やきまりを見つけながら並べるところからスタートします。算数が苦手な子も，ペアで話し合いながら「次は，きっと○○かな」と発展的に考えたり，説明のトレーニングをしたりすることができます。

1問目（2＋□＝■■）の当たりは2枚しかなく，導入に時間はかかりません。3＋□＝■■や4＋□＝■■になる数を考えていく中で，「9なら絶対当たり」「4＋□の答えはきっと4つある」と見方・考え方を働かせます。

問題

どんぐりを2個持っています。□個もらうと，10個より多くなりました。□に入る数は，どれでしょう。
①②③④⑤⑥⑦⑧⑨

「2＋□＝■■」の■■が2桁の数になる□（1桁の数カード）を選ぶ。

授業のねらい

ペアや学級全体での話し合いを通して,「10の補数を使って解く」方法を考え,筋道立てて説明できるようにする。

 授業展開

❶問題をペアで考える

　子どもにとって身近などんぐりを問題に使います。ペアに，$2+\Box=$ の台紙を1枚配ります。ペアのうち1人が，1〜9の数カードの中から1枚引き，そのカードを台紙に当てはめ，ペアで計算します。和が2桁になれば当たりです。

- C　9を引きたいな。
- T　□に入る数は，9だけですか？
- C　当たりは，1つだけじゃないんだ。
- C　8もいいってことだね。
- T　$3+\Box=$ だとどうかな？　ペアで数カードを入れながら考えてみよう。
- C　今度も当たりは2つかな。

oint!

問題やルールの理解が曖昧な子もペア対話を通して理解しやすくなる。

❷筋道を立てて説明できるように復唱する

4＋□＝ からは，自力で解くようにします。「1から順に入れてみるとわかるよね？」と揺さぶり，「全部しなくてもわかる」「9からするといい」等，子どもの価値あるつぶやきを板書します。「4は，6と4で10だから，6より大きい数」になっていることを自分たちで見つけていきます。ただし，「わかった」と思っていても，自分で説明することが難しい子もいます。あえてアウトプットする活動にペアで取り組むことで，説明のスキルアップを図ります。時間もペアならば1分程度です。

T　1から順に入れてみるとわかるよね？
C　全部調べなくてもわかるよ！
T　どういうこと？
C　9からするといい。
T　どうして？
C　1からしても，1や2はハズレだから。
C　6より大きい数だといいよ。
T　なんで6より大きい数だといいの？
C　4＋6＝10でしょ。だから，4＋□＝ のときは，6と4で10になって，6より大きいと10より大きくなる。
T　なるほど。みんなも自分でも言える？　ペアで交代して言ってみよう。
C　（復唱）
T　次の問題にも使えるでしょうか？
C　次の当たりは，きっと5つだよ！

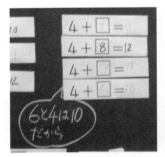

oint!

筋道を立てて説明できるようにするために，ペアで復唱し合うことで，発言の回数を確保し説明技能を育てる。

❸当たりの数に見当をつける

　$\boxed{5+\square=}$ や $\boxed{6+\square=}$ に続けて取り組みます。$\boxed{5+\square=}$ の当たりは5つ，$\boxed{6+\square=}$ の当たりは6つ…と考え出す子どもや，「5＋5＝10を使うといい」と復唱したことを使って解き出す子どもがいます。でも，全員が10の補数を使って解いているかというと，そうではありません。そこで，教室全体でお互いのノートを見に行ったり，きまりを見つけたという子どもの説明を聞いたりする活動を取り入れます。

C　$\boxed{5+\square=}$ の当たりは，きっと5つあるよ。
T　調べなくてもわかるの？
C　だって，5＋5＝10でしょ。5より大きい数だといいってことだから，5，6，7，8，9のカードが当たり。
C　たしかに。
T　$\boxed{6+\square=}$ はどう？
C　10より大きい数を探すといいよ。
T　どういうことかな？
C　6と□をたして10になる数を探すといい。
T　$\boxed{7+\square=}$ や $\boxed{8+\square=}$ もそうかな？

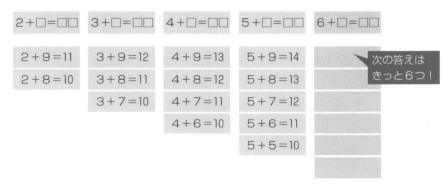

（井手　理恵）

1年／かたちづくり

「もういいかい」「まぁだだよ」ゲームをしよう！

1 授業の概要

　一斉授業の中では，子どもはわかっているつもり，教師はわからせたつもりという感覚が生まれがちです。本授業では，習熟のための活動をペアで行うことで本時への理解を楽しみながら深めることができるようにします。

　1年生では，かたちづくりで「移動」を扱います。1年生が学習すべき移動は「平行」「回転」「裏返し」です。まずは，移動する動きに名前をつけます。3つの移動に名前をつけた後，一斉で「もういいかい」「まぁだだよ」ゲームをします。一斉での活動の後に，今度はペアで「もういいかい」「まぁだだよ」ゲームをします。自分たちでブロックを移動することで，体験的に学ぶことができます。

2 問題

1　どうやって変身したかわかるかな？　変身に名前をつけよう！
2　「もういいかい」「まぁだだよ」ゲームをしよう。
　①Aがはじめの形を見せ，Bは顔を机に伏せる。
　②Aがブロックの一部を移動させ，Bは「もういいかい」と言う。
　③Aが「もういいよ」と言ったら，Bはどこが移動したのか当てる。

授業のねらい

ペアや学級全体での活動を通して、楽しく取り組みながら、図形の移動に着目することができるようにする。

 授業展開

❶図形の移動に気づき，名前をつける

　4つのブロックでつくった基本の図形から1つブロックを移動します。どこが移動したのか，どのように移動したのかを考え，移動の仕方に名前をつけます。

T　じゃあ，みんな目を閉じて。変身させるよ。音がするからしっかり聞いておくんだよ。
C　いもむしがねこになったよ！
T　どんなふうに変身したのかな？
C　「うぃ～ん」って動いた。「うぃ～んへんしん」だ！

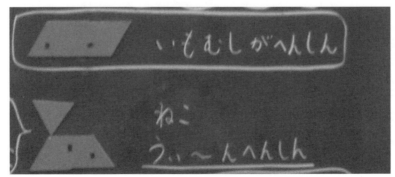

❷つけた名前を使って移動の仕方を考える

「平行」「回転」「裏返し」の3つにつけた名前を使って,どのように移動したのかを説明します。

T この変身は,「がぃ〜ん」と「うぃ〜ん」「パタン」のどれを使ってしたのかわかるかな？
（「もういいかい」「まぁだだよ」のやりとりをする）

- 平行移動→「うぃ〜ん」変身
- 回転移動→「がぃ〜ん」変身
- 裏返し　→「パタン」変身

Ⓟoint!
あえて2つの移動の仕方がある形をつくり,子どもの考えにズレを生むことで説明したくなるように仕向ける。

C わかった。「がぃ〜ん」変身だ。
C えっ？ 違うよ「うぃ〜ん」変身だ。
T どっちの変身なの？
C どっちもできるんじゃない？

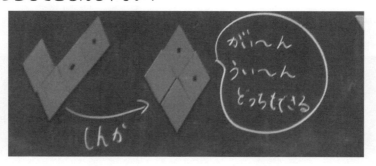

❸ペアで「もういいかい」「まぁだだよ」ゲームをする

ペアの1人が図形を動かし,もう1人はどこをどのように動かしたのかを

再現します(はじめは2人とも同じ形をつくっておくとよいでしょう)。

T　隣の人と「もういいかい」「まぁだだよ」ゲームをしよう。

ペアで取り組むことで、子どもが実際に手を動かして活動でき、その回数も確保できる。活動の中で自然に移動の仕方についてのコミュニケーションが生まれ、学びが深まる。

C　じゃんけんポン！　勝ったから僕から動かすね。目を閉じて。
C　もういいかい？
C　もういいよ。
C　こうだよね…。「うぃ～ん」変身だ！
C　はずれ！「パタン」変身だよ。

Point!

1回でわからなかった場合は、移動の仕方に意識が向くようにどの変身で移動させたのかをヒントとして出させる。

C　わかったよ。こうだね。次は私が問題を出すよ！

(清水　修)

第2章　ペア学習, グループ学習を位置づけた学び合い授業の事例30

1年／かたちづくり
影絵遊びをしよう！

授業の概要

　色板数枚分の形（影絵）を見て，同じ形をつくる授業です。形や方眼を手がかりにどのように色板を並べればよいかを想像し，実際に並べてみます。しかし，子どもたちは無意識に感覚で図形を構成してしまうことが考えられます。

　そこで，ペアの友だちと説明し合ったりアドバイスをし合ったりする場面を設定することで，考え方を言語化させたいと考えました。子どもたちは，前時に「色板の秘密」として三角形の色板2枚で三角形や四角形ができることや色板4枚で大きい四角形ができることを発見しています。その「色板の秘密」を根拠にすることで解決方法の共有化ができるのです。

　子どもたちは，影絵の中の見えない線や見えない形を発見しながら色板を「ずらす」「回す」という動作を繰り返し，楽しみながら図形を構成する力を伸ばしていくことができるでしょう。

問題

> 形ぴったりに並べよう。
> 何枚でできるかな？

③ 授業のねらい

ペアや学級全体で解決方法を交流しながら、影絵が何枚の色板を使ってどのように組み合わさってできているのかを考え、同じ形を構成することができるようにする。

④ 授業展開

❶山の形の影絵にピッタリ合わせて図形を構成する

影絵遊びのやり方がわかるように、並べ方が1通りの山の形の構成から始めます。影絵からの気づきや疑問から、前時の「色板の秘密」（下の写真左上の掲示物）を確認し、解決方法の見通しがもてるようにします。

T　山の形の影絵ぴったりに色板を並べましょう。何枚でできるかな？
C　2枚でできるよ。
T　どうしてそう思うの？
C　だって、見えない線が見えるよ。
C　秘密の三角だ！
T　じゃあ、つくってみましょう。
C　できた！
T　ペアの友だちにどうやってつくったのか話してみて。
C　色板をくるっと回してピタッとつけるといいよ。

❷家の形の影絵にピッタリ合わせて図形を構成し，ペアで説明し合う

　影絵の中にどんな形が見えるか，何枚でできそうかをペアの友だちと伝え合った後，自力で図形を構成します。

　自力解決ができたら，ペアをつくりながら複数の友だちに構成の仕方を伝えたり，戸惑っている友だちの相談相手になったりします。

T　家の形の影絵を見て気づいたことを，ペアの友だちに伝えてみましょう。
C　秘密の三角があるよ。
C　秘密の四角もあるよ。
C　さっきつくった山の形があるよ。
T　じゃあ，つくってみて。
　　（自力解決に入る）
T　できたらペアになって，どうやってつくったか話してみて。

Point!

　教室を動きながらペアづくりを繰り返すことで，説明の回数を増やすことができる。子どもたちは徐々に並べ方が1通りではないことに気づき始める。

C　6枚でできたよ。
C　一緒だね！
C　はじめに，山の形をつくったよ。
C　秘密の四角を2つ並べて長四角にしてピタッとくっつけたよ。
C　秘密の三角とひっくり返した秘密の三角で，大きい四角ができたよ。
C　えっ!?　つくり方が違うね。

❸家の形の構成の仕方をみんなに説明する

どのようにつくったのか,何枚でできたのかを実演しながら発表します。並べた結果だけではなく,「三角」や「四角」という言葉や「色板の秘密」を使って並べ方を説明するように促します。

T どうやってつくったの? 何枚でつくったの?
C ここに秘密の三角を見つけたから…。
C ここは,秘密の四角が並んでいて…。
C あっ! 四角や長四角のつくり方が違うね。

Point!

子どもたちから並べ方が複数出たら,「えっ,他の並べ方もあるの?」「並べ方って1つじゃないの?」などと揺さぶりをかけると,図形を構成する意欲が高まるとともに,図形を構成するおもしろさをより強く感じさせることができる。

(大久保弘子)

1年／大きさくらべ（2）

どれが一番広いかな？

1 授業の概要

本時は広さの学習の2時間目です。1時間目は，広さを直接比較し，「重ねると比べられる」ということを学習します。本時はこの学習を踏まえたものです。授業の最初に，「直角三角形の色板は，向きや形が変わっても，ぴったり重なるならば広さは同じである」こと，「色板の枚数が同じであるならば広さは同じである」ことを押さえます。そのうえで，直角二等辺三角形の色板4枚でつくった形をシルエットで提示し，「どれが一番広いか考える」という問題場面を設定します。この問題で提示した形は，前時で学習した「重ねて比べる」では比べられない形になっています。形が違っても広さを比べる方法がないかを追究していく子どもたちの姿が見られます。

2 問題

1　どれが一番広いかな？

2　広さを比べるには，どうしたらいいかな？

授業のねらい

いろいろな形の広さを比べる活動を通して、色板何枚分で広さを表すことのよさに気づき、色板の数で広さを比べられることを理解できるようにする。

 授業展開

❶どれが一番広いか考える

T　どれが一番広いかな？

C　形が違うからできないよ。
C　真ん中の三角と四角がわからないね。

C　これ（真ん中の三角形），黄色の小さい三角を2枚使うとできるよ。
C　この三角と四角は，どっちも黄色の小さい三角2枚分だね。

oint!
　2人分の教具を合わせると，持っている形が2枚ずつになり，広さが比べやすくなるようにしておくことで，ペアで学ぶ必要感を生み出す。

❷広さをくらべるにはどうしたらよいかを考える
　1題目より複雑な形を提示し，広さ比べをします。

T　どれが一番広いと思う？
C　「い」が広そうだけど…。
C　形がずいぶん違うから広さを比べられないね。
C　色板でその形をつくればいいんじゃない？
　　（色板で3つの形をつくってみる）

あ 　い 　う

T　どれが一番広いかわかったかな？
C　全部色板4枚でつくれたよ。
T　色板4枚でつくれたんだね。広さはどうなの？
C　全部色板4枚分だから，広さは同じ。

❸広さのカードゲームをする

広い形のカードを取った方が勝ちというルールで,ペアで対戦します。

T　カードを全部裏返しに置いてね。1人1枚カードを選んで,同時にめくるよ。広い方が勝ちです。どちらが広いかはどうやって比べる？
C　色板の数が多い方が勝ちだよ！

Ⓟoint!

ペアでゲームをすることで活動の回数が増え,色板の数で広さを比べるよさを楽しみながら実感することができる。

2人に1つカードを持たせておくと,休み時間などに,友だちと遊びながら学ぶことができます。

（篠田　啓子）

2年／長さ

丸いものの長さを調べよう！

1 授業の概要

　子どもたちは丸いものについて「長さ」ではなく，「大きさ」ととらえていることがあり，重ね合わせて比べて円周の長さを判断しています。

　そこで，「丸いもので1mの長さに一番近いのはどれかな」という課題に取り組み，まっすぐなものだけでなく，丸いものの1mの量感を育てます。

　丸いものの長さを測定するためにグループで知恵を出し合い，道具を押さえたり手や腕をつないでみたりしながら長さを測定していきます。丸いものに対して，大きさ比べという考えから長さ比べという考えへと子どもの思考が変化していきます。また，長さ1mを直線から曲線へと変化させ，3年生に向けて測定する方法を多様化していきます。

　1グループを3～4人程度にすることで，考えを出しやすくし，なんでも言い合える雰囲気をつくることで，後の活動もスムーズになります。

2 問題

1　丸いものの長さを測ります。どれが一番長いかな。
2　1mに一番近いのはどれかな。一番近いものを予想して，測ってみよう。
3　グループで長さ当てをしよう。

授業のねらい

グループで協働して取り組む活動を通して，1mを基にした丸い形の長さを測定することができるようにする。

 授業展開

❶一番長いものはどれか，どのくらいの長さかを考える

まず，丸いもの（バケツ小，バケツ大，理科の実験用水槽，フラフープ小，フラフープ大）の長さについてどれが一番長いのかを考えます。

C 一番大きいのはフラフープです。一番小さいのはバケツの小です。
C 大きさじゃなくて長さだよ。でも，大きいものの方が長い。

C フラフープ大が1mくらいかな。もう少し長いかもしれないなぁ…。

　　丸いものの長さを，見当をつけたり重ねたりしながら比べる。そのときに，長さについて予想することで，その後の測定の活動と関連させて丸いものの長さの量感を育てる。

❷まわりの長さが1mのものはどれかを考える

C　1mは私の両手を広げた長さのこのくらいだったかな…。
T　1mものさしを用意します。教室の中にあるもので，必要なものは使ってください。
C　転がしてみよう。ずれないように押さえておいてね。
C　腕の長さで押さえておくから印をつけるのを手伝って。
C　フラフープは両腕でも届かないからかなり長いね（左写真）。
C　ぼくの身長は130cmくらいだから，こうやってみると…（右写真）。

C　横から見ると足がまっすぐなところがあるから無理だよね。
T　うまく測定できたグループのやり方を教えてくれるかな。
C　手のひらがだいたい12cmなので，それをたし算しました。
C　このひもで測った後，まっすぐに伸ばすと1mものさしで測ることができるよ。

 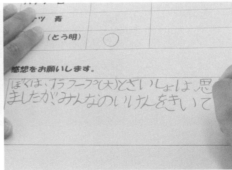

T 発表された方法を使ってもう一度確かめてみよう。
C 水槽が1mだった。バケツ小はやっぱり短いね。
C フラフープ大は長かったね。

グループで協力しながら答えを見つけていくようにする。

❸グループ対抗で長さ当てをする

　大きめのクマのぬいぐるみのおなかのまわり（約80㎝）の長さ当てをします。

　まず，見た目で予想し，次にグループごとに測り方を決め，代表がみんなの前で測って答えをホワイトボードに書いて発表します。

グループで競わせることで「当てたい」という思いと，「正確に測りたい」という思いを高める。

C じゃあ，次は，運動場のイチョウの木の大きさを当ててみたい。
C 洋服屋さんでおなかのまわりを測るためにって，1mの紙のテープが置いてあったよ。
C 先生のおなかのまわりの長さは，1m超えているかも…。

（園田　耕久）

2年／三角形と四角形
「さわって見つけて」ゲームをしよう！

授業の概要

　三角形と四角形の弁別の学習です。キーワードは，「3本（4本）」「直線」「囲まれている」です。これらを文章だけで覚えさせるのではなく，体験的活動を通して感得させることがねらいです。

　そのために，グループでゲーム的な活動を行います。袋に入った三角形や四角形のカードを触って探し出すゲームです。ゲーム性を取り入れると，勝ちたいという意識から弁別する意欲も高まります。

　その結果，袋から取り出した図形カードが三角形（四角形）であることを証明するために「だって，3（4）本の直線で囲まれているから」と定義を使う必然性が生まれます。

　多くの子どもがたくさん体験し，小集団で話し合うグループ活動は，このような学習には最適です。

問題

　グループの中で「三角形チーム」と「四角形チーム」に分かれてゲームをしましょう。
　袋の中からチーム名の図形カードを引いたらポイントが入ります。

授業のねらい

三角形と四角形を弁別する活動を通して，三角形（四角形）である理由を定義を基に説明できるようにする。

 授業展開

❶学級全体で弁別ゲームをする

　ゲームをすることを伝え，A，B2種類のボックスを提示します。そして，子どもたちにどちらをゲームに使うか決めさせます。

　次に，学級を「三角形チーム」と「四角形チーム」に分けます。ボックスの中には数枚の大きな封筒が入っており，教師は無作為に選んだふりをして，封筒の中から図形のかいてある画用紙を引き出します。

T　三角形が出たら三角形チームに1ポイント入るよ。四角形だったら，四角形チームね。さて，この図形はどうかな…。

　封筒からじわじわと引き出しながら，子どもの興味をひきます。

C　とんがってるから三角形だ！
C　「シュッ」とした四角形かもしれないよ！
C　全部見ないとわかりません。
C　どっちかなぁ…？

導入において学級全体でゲームをする際は，学級を4チーム程度に分けると，チーム（グループ）の中で自然に対話が生まれる。

C　ここにすきまがあるから三角形ではありません。
C　3本の直線で囲まれていません。

　最初にAとBのボックスを選ばせるのは，偶然性を演出するためです（中身は同じです）。また，図形を提示する順は，完全な三角形（四角形）から不完全な図形へと思考の流れを重視して教師が決めておきます。また，負けチームのテンションが下がらないように，2チームが同点になるように仕組みます。

❷グループで弁別ゲームをする

　4人グループをつくります。2人ずつに分かれて「三角形チーム」「四角形チーム」になります。1人ずつ袋の中から図形カード（三角形や四角形の形に切り取った厚紙）を引きます。自分のチームの図形だったらポイントが入ります。1人ずつ引いていって2回りしたらおしまいです（袋の中には10枚程度カードを入れておきます）。

T では三角形チームから1枚カードを引いてください。
C よ〜し…,これが三角形だ!

C あれっ,1つの辺がまっすぐじゃないよ。
C これは3本の直線で囲まれていないから三角形じゃありません。
T 次は四角形チームが1枚カードを引いてください。
C これはどうかな…?

C 辺が途中で切れてる!
C ずるい! こんなの触ったってわからないよ!

 oint!

　学級全体でやったうえでグループで行うと,ルールの説明が不要なだけでなく,一人ひとりが体験し,しっかり話し合うことができる。

(伊達真由美・藤本　邦昭)

2年／はこの形

6枚の面を選んで箱の形をつくろう！

1 授業の概要

ペアで箱をつくることを通して，箱の面の構成要素を理解することを促す授業です。事前にすべての面の辺の部分に貼ってはがせるのりをつけておき，何度もつけたり外したり試行錯誤しながら箱づくりができるようにします。

10枚の面から6枚の面を選び，ペアで箱をつくります。1人でつくるとどうしてその面が必要なのかを考えても，言葉として表出されず，意識されません。ペアでつくることにより，どうしてその面を選んだのか，選んだ面をどのようにつなぐかを説明する必要性が出てきます。

面の選び方により違う形の箱が完成します。すると，子どもたちは残りの4枚の面を使って，もう1つ箱をつくろうとします。そのとき，2枚の面が新たに必要になり，その面の辺の長さがどれだけか，それはどうしてかなどを説明し始めます。その中で箱の構成要素の理解をさらに深めていきます。

2 問題

> 6枚の面を選んで，箱の形をつくろう。
>
> | 2枚 | 4枚 | 2枚 | 2枚 |
> |---|---|---|---|
> | 4cm×4cm | 4cm×6cm | 4cm×8cm | 6cm×8cm |

授業のねらい

ペアで話し合いながら箱をつくる活動を通して、箱の面の構成要素を理解できるようにする。

 授業展開

❶ペアで箱の形をつくる

ペアで箱をつくる前に底面を決め、次にどの面を選ぶとよいかを考えさせます。辺の長さや面の組み合わせに着目してつくる大切さを意識させます。

T ペアで相談しながら、箱の形を完成させましょう。どうしてその面がよいのか、考えたことをペアの人に教えながらつくってね。
C 辺の長さが違う2枚の面をつなげると、はみ出してしまう。
C 適当に面をつなげてもダメだね。辺の長さに気をつけて面を選ぼう。
C 向かい合った面は同じ形になるように選ぼう。
C 同じ形の面が2枚ずつあればいいね。
C よし、箱がうまくできたぞ！

⒫oint!

ペアで相談しながら箱をつくろうと声をかけることで、操作が言語化され、理解が深くなる。

❷もう1つ箱を完成させるためにどんな面が必要かを考える

　面の選び方で2種類の箱ができます。すると，残った4枚でもう1つ箱をつくり始めます。必要な面の形や辺の長さに目を向けていきます。

2種類の箱ができ，それぞれ4枚の面が残る

C　うまく完成したけれど，違う箱の形ができたペアがいる。
C　本当だ。同じ10枚の面だったのに，違う箱ができてる。
C　もう1つ箱をつくりたいけど，4枚しかないからできない。
T　どんな面がほしい？　ペアで考えてみて。
C　あと2枚面があったら完成する。
T　そうだね。箱は6枚の面があったらできるよね。でも，どんな面でもいいの？　どんな形の面が必要か話し合ってね。
C　面は，どんな形でもよいわけではない。この4cmと6cmの面がほしい。だって，ここの辺が4cmで，ここの辺が6cmだから。
C　隣の面とぴったりになることが大切だよ。

❸もう一度箱をバラバラにして，20秒で箱をつくる

　2種類の箱ができた後，2つの箱をバラバラにしてもう一度つくらせます。早くつくれるように，子どもたちははじめから12枚の面を2つに分けたり，展開図のように並べたりします。どうしてそうするのかを問うと，子どもたちは本時で学習した箱の面の構成要素を使って説明します。

T　もう一度バラバラにして,次は20秒で完成させましょう。
C　え〜っ,20秒じゃできないよ。
T　20秒で完成できるように,作戦を考えていいよ。
C　12枚の面を2つに分けておいていい？
C　さっとつくれるように並べておくといいね。

oint!

　　20秒と時間を設定することで,子どもたちはペアの友だちと相談したくなる。そこで,どのように並べると箱が早くできるのか,本時で学習した箱の構成要素を基にして話し合わせる。

T　どんなふうに並べるといいの？
C　隣の面と,辺が同じになるように並べるといい。
C　違う長さの辺だったら,はみ出てうまくできない。
C　向かい合う面が同じ面になるように並べる。
C　向かい合う辺が2枚ずつ,3組あるとうまく箱ができるよ。

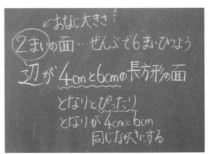

(金井　義明)

3年／時間と長さ

どの木のまわりの長さか調べてみよう！

1 授業の概要

「長さ調べ」では，巻尺を使って長さを調べる学習があり，校庭にある木のまわりの長さを予想し，実際に測るという活動が設定されていることが多いです。道具を使った活動ということもあり，子どもたちにとっては楽しい学習であるかもしれませんが，「なんのために予想し，測るのか」という目的意識を子どもにもたせることが難しいところでもあります。

そこで，最初からある木のまわりの長さを提示し，「これはどの木かな？」と尋ね，探す活動を行います。1人で巻尺を使って長さを測ることは難しいので，4人のグループ活動を行います。

活動の時間に制限を設けることで，グループの友だちと協力し，意欲的に活動する子どもたちの姿が見られます。

2 問題

次の長さは，運動場の，ある木のまわりの長さです。
いったい，どの木でしょう。

A　1m62cm　　　B　1m3cm　　　C　47cm

授業のねらい

どの木のまわりの長さなのかを調べる活動を通して，長さを見当づけ，巻尺を使って長さを測ることができるようにする。

 授業展開

❶木の幹のまわりを測る方法を考える
T　これはなんの長さだと思う？（A，B，Cの数値を見せる）
C　3つとも長さがバラバラだね。Aは私の背の高さよりも長い。
T　実は，木の幹のまわりの長さなんだよ。
C　けっこう太いんだね。
C　でも，全部の木を調べるのは無理。
T　この中に答えの木があるよ。（プリントを配る）探せそう？
C　じゃあ，1mものさしを貸してください。
C　ものさしで測るの？　円みたいに丸いから，ものさしじゃ測れないよ。
C　ウエストとか測るときに使うやつがいいんじゃない？

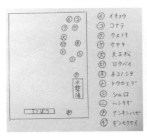

❷実際に測ってどの木か調べる

　３つの木がどれなのか，実際に測りながら調べていきます。

T　最初に全部見つけたグループが勝ちです。調べに行きましょう！
C　がんばって一番になろう！

C　これはちょっと小さいかな…。あっ，Cだ！

C　急がないと，もうすぐ制限時間になるよ。

oint!

　あえて活動に制限時間を設けることで，グループで協力しながら調べる必要感を高める。

❸答え合わせをする

　制限時間がきたところで、答え合わせをします。

T　さあ、答えは合っているかな？
C　自信はあるんだけど…。
T　正解を発表します。
C　やったー。全問正解。1位だ！
T　このグループはずいぶん早かったよね？
C　全部は、測ってないもん。
C　最初に測ったのから、大きそうとか小さそうとか考えて測っていったよ。
C　すごい。だから、早かったんだ。
C　全部測らないで、そうすればよかった。

oint!
　グループの活動の中で見られた「見当づけ」のよさを価値づける。

（篠田　啓子）

3年／あまりのあるわり算
おだんごゲームをしよう！

1 授業の概要

15÷3はできるけれど，16÷3はできない，と子どもたちは考えがちです。そこで，包含除の具体的場面を考えながら，「わりきれないけれど，わり算としては成り立つ」ということを，ゲームをしながら楽しく理解できるような授業を考えました。

まずは，除数を固定し，被除数をブラインド（□）にした問題を提示します。その後，「おだんごゲーム」を通してわりきれない場面を提示します。このゲームでは商が大きな意味をもち，わりきれない場面でも，子どもたちはなんとか商を考えようとします。その際，絵や図を用いて考えることで，自然と商を見つけ出し，「あまり」という新しい概念の形成を図ります。

2 問題

> おだんごを□個つくりました。3個ずつ串に刺して完成です。すると，△本できました。
>
> ①ペアごとに2枚ずつカードを配ります。
> ②□個に入る数を2枚のカードから1人1枚選びます。
> ③教師が△本に入る数を提示して，②と一致すれば当たりです。

③ 授業のねらい

ペアや学級全体での話し合いを通して、わりきれる場合とわりきれない場合があることを知り、あまりのあるわり算の意味を考えることができるようにする。

④ 授業展開

❶「□÷3＝△」の場合の被除数を予想する

被除数を予想することで、「□÷3＝△」というわり算の式を意識させ、□には3の倍数が入りそうだという見通しをもたせます。

T □にはどんな数が入りそうかな？
C 6とか18かな。
C 30でもいいと思うよ。
T なんで6とか18とか30なのかな。
C だって、3の段の数が入るから。3，6，9，12，15…。

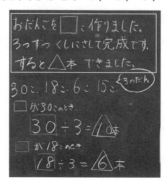

❷ゲームをしながら，わり算の意味を包含除の図を使って確認する

　1回目は6と9のカード，2回目は6と12のカード，3回目は15と16のカードを渡します。
　それぞれの商を考えながらペアでゲームを進めます。

T　じゃあ，1回目は6と9のカードです。どちらかを選んでね。
C　多い方がいいから，9かな。(じゃんけんで勝った人から選ぶ)
C　じゃあ，私は6になるね。
T　1回目の△に入る数字は3です。(3のカードを取り出す)
C　ぼくの9が当たりだ！　だって「9÷3＝3」だから。
　　(2回目は6と12のカードで同じゲームを行う。△に入る数字は4)

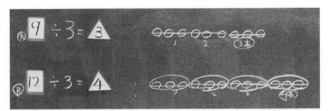

Ｐoint!
　ペアで活動することで，商が3，4と順序よく提示されていることに気づきやすくなり，次のカードの予想を考えたくなるようにする。

C　今度は15のカードがあるはず。だって，答えが3，4と来たから，今度は5だ。
C　絶対じゃんけんで勝って15を取りたい！
T　今度のカードは15と16です。
C　えっ，15はわかるけど，16は絶対に負けだよ。
C　15を絶対に取りたい！

❸16÷3の商を考える

3回目のゲームでは，△に入る数は5と提示します。□に入れる15のカードを取った子どもは喜びますが，16のカードの子どもからも自然と疑問が出てくるはずです。

T　じゃあ，今のゲームの当たりは，15のカードの人だね。

> **Point!**
> ペアのうち1人は勝ち1人は負けという流れでゲームが進んでいくが，負けたくないという思いから，ぴったりわりきれなくても商が5になることを説明する必要感が生まれる。

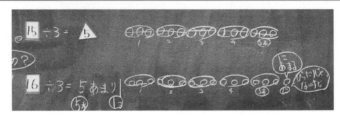

C　先生ちょっと待ってください。16個のときも5本できます。
C　でも，ぴったりじゃないから当たりじゃないんじゃない？
C　でも，5本できていることに変わりはないから当たりのはず。
C　でも，どうしても1個だけおだんごがあまるよね。
T　今までは全部「ぴったり」だったけど，このように「ぴったり」じゃないわり算もありますね。このときは，「あまり1」とつけ加えましょう。
C　だったら，15も16も5本できるから，2人とも当たりだ！

（本田　貴士）

3年／あまりのあるわり算

あまりの3を
どうすればよいのかな？

授業の概要

　授業の要所にペア学習を入れ，子どもと教師，子どもと子どもの対話を促して，あまりの数に着目させながら学びを深めていきます。

　これまでのわり算には，わりきれない場合があり，その場合にはあまりを出すことを学習してきた子どもが，今度はあまりを出したままではいけない場面に出合います。あまりを切り上げたり切り捨てたりする問題では，あまりの処理を形式的にやってしまい，問題場面が変わるとわからなくなってしまいがちです。

　まずは，子どもたちとの対話を通して問題場面に出合わせ，子どもの問いを共有します。自分の考えをペアで伝え合った後，答えを「8台」とした子どもの気持ちを考えます。次第に，あまりの3に着目した話し合いが進んでいきます。「9台」になるという意見が出始めたところで，「なぜ9台になるのか」を話し合います。あまりの3の処理について式と図を結びつけながら説明できるようにしていきます。

問題

> 子どもが□人います。テーブル1台に4人ずつすわっていきます。
> みんながすわるには，テーブルは何台いりますか。

授業のねらい

ペアや学級全体での話し合いを通して、これまでの学習や生活経験を基に、あまりの数の処理について筋道立てて説明できるようにする。

  授業展開

❶これまでの学習との違いに気づく

昼食会場の写真を見せた後、問題文を子どもたちと対話しながら少しずつ示していきます。子どもの数を□人とすることで、子どもが自ら□に入れる数を言い始めます。

C　□は12人。
T　どうして12人にしたの？
C　ちょうどわりきれるから。
C　12人だったら、3台だよ。

ここで、この昼食会場を見学旅行で使用することを伝えます。学級の人数が35人であるため、□を35としなければならない状況になります。

C　えっ、あまりが出るよ…。
T　○○さんが首をかしげているよ。どうしてかな。隣の人と相談してごらん。
C　「何台いりますか」なのに、あまり

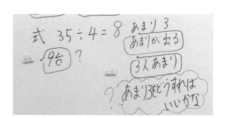

3が出るよ。
C　あまりの3をどうすればいいのか悩んでるんだよ。

❷あまりの3をどうすればよいのか考える
　数ブロックや図などを使って，あまりの3をどうすればよいか自分の考えをまとめ，ペアで説明し合います。その後，全体で取り上げていきます。

T　△△さんは，どうして「8台」にしたと思う？

Point!

　8台としている子どもの考えから取り上げることで，友だちの気持ちを説明しようと，主体的な対話が始まる。

C　35÷4を計算すると，8あまり3になるからだと思う。
C　でもそうなると，3人はテーブルにすわれないよ。
C　だったら，3人を他のテーブルに分ければいいよ。マット運動のときにしたよ。3人を1人ずつ他のテーブルに入れて5人ですわればいいよ。
C　それだと問題が変わっちゃうよ。問題には，1つのテーブルに4人ずつすわるって書いてあるよ。

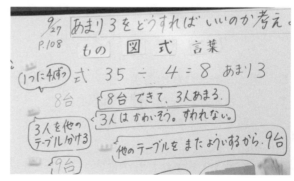

❸ なぜ9台になるのかを考える

　9台になるという意見が出始めたところで，その理由を説明し合います。

T　えっ，9台!?　式や答えにはどこにも9という数はないよ。どうして9台になるの？　近くの人と話し合ってごらん。

　一斉での話し合いが進む中，立ち止まらせたい場面で「どうして9台になるのか」という問い返しをして，あまりの3に着目した対話がペアやグループを通して自然に生まれるようにする。

　その後，再度，全体で図や数ブロックなどを使って説明し合います。

C　今，8台のテーブルに分かれていて，3人あまっているでしょ。でも，すわれないあまり3人の分のテーブルをもう1台増やさないといけないよ。だから全部で9台になるよ。

T　そっかあ，「あまり3」の分をもう1台増やすんだね。

C　先生，お店の人には，「あまった3人がすわれないので，もう1台テーブルが必要です。全部で9台用意してください」と電話してください！

（美坂　　光）

3年／小数

1Lマスを早く いっぱいにしよう！

授業の概要

　小数の加法・減法の学習です。グループの代表が先生とじゃんけんし，グーで勝てば0.1L，チョキで勝てば0.2L，パーで勝てば0.3Lのジュース（のような色水）を1Lマスに入れることができます。一番早く1Lマスをいっぱいにできたチームが勝ちというゲームです。

　ゲームの中で，ジュースをこぼれないように注ぎ入れるには，グループで協力することが必要になります。

　1Lマスがいっぱいになるまでじゃんけんを繰り返す中で，0.1Lや1Lの量感も育ちます。液量の操作活動を通して，小数のたし算・ひき算のイメージづくりをねらいます。

問題

　じゃんけんゲームで，1Lマスを一番早くいっぱいにしよう。

❶グループの代表が先生とじゃんけんをします。
❷グーで勝ったら0.1L，チョキで勝ったら0.2L，パーで勝ったら0.3Lのジュースを1Lマスに入れることができます。
❸一番早く1Lマスをいっぱいにしたグループの勝ちです。

授業のねらい

ゲーム的な活動を通して，小数の増減を具体的にとらえ，小数も整数と同じようにたし算やひき算ができることを理解させる。

授業展開

❶ゲームのルールを確かめる

ゲームのルールを説明し，まずは例示のためのゲームをします。

1回戦。チョキで勝ったまさとさんに，0.2Lを1Lマスに入れてもらうことにします。1dLマスで2杯分ジュース（色水）を量って渡します。まさとさんは，1Lマスの目盛りを見ながら慎重に注ぎ入れます。0.2Lの目盛りまで，1dLマス2杯分です。

2回戦。今度はパーで勝ったので0.3Lもらえます。ところが，まだ，注ぎ入れていないのに，子どもたちの中から「0.5L！」という声が聞こえました。

T 今，「0.5L！」って声が聞こえたね。まだジュースを注いでいないのに，

どうして「0.5L！」と言ったの？
C　最初にパーで，ジュースは0.2Lだったでしょ？　次にパーで勝ったから，0.2Lと0.3Lを合わせて0.5Lって言ったの。

> **Ｐoint!**
> ゲーム的な活動をグループで行う前に，モデルとして一度やってみることが大切。モデルを見ることでルールの理解が容易になる。

❷グループ対抗でゲームを行う

　やり方がわかったところで，グループ対抗でゲームをします。
　教師がグループの代表とじゃんけんをすることで，「先生に勝ちたい！」という思いと「どのグループよりも早く１Lマスをいっぱいにしたい！」という気持ちが高まります。
　獲得したジュースの量を記録をしたり，こぼれないように助け合って慎重にジュースを注いだり，自然と協力して作業を行う姿が見られます。

C　パーで勝ったから，0.1Lと0.3Lで0.4Lになった。
C　１Lまで，あと0.3Lだ。(ひき算の考え)

２回戦，３回戦とゲームを進めていくと，「0.5Lになった」とたし算をしたり，「あのグループより0.1L多い！」と違いに気づいたりします。
　具体的な操作活動を通して，小数の加減を実感しながら理解していきます。

　ゲームの経過は必ず記録させる。量を数値化することで，自然にグループ内でたし算やひき算の考えを引き出すことができる。

❸ **小数の加法・減法について考える**
C　先生，今，0.7Lだよ。
C　次，パーで勝ったら，「7＋3＝1」だ。
T　えっ，「7＋3＝1」ってどういうこと？　だれか○○さんの気持ちわかるかな？
C　目盛り？　1Lマスの目盛り7つ分のところだったから，0.3Lもらって，目盛り3つ分をたすからじゃない？
T　7＋3＝10じゃないの？
C　1dLマスで，7＋3ってことじゃないの？
C　10dLは1Lだから，7＋3は1Lって言いたいんでしょ？
C　0.7Lと0.3Lを合わせるから，0.7＋0.3＝1。
T　なるほど。
C　私たちは，あと0.4Lで1Lになったのに。
T　どうして0.4Lってわかったの？
C　今，0.6L入っているから，1Lからひいたの。

（田上　美樹）

3年／2けたをかけるかけ算の筆算

答えはいつも同じように減るのかな？

1 授業の概要

　右のような，3問の2けた×2けたのかけ算の問題に，グループで教え合いながら取り組みます。グループごとに問題は違

30×30＝□	1の位が0の同数のかけ算
31×29＝□	かけられる数が1増，かける数が1減
32×28＝□	かけられる数が2増，かける数が2減

いますが，計算すると答えの減り方は同じになります。この先の答えの減り方はどうなるのか，子どもたちが自ら計算に取り組みながら探っていきます。

　授業のポイントは，配付した計算式を種類ごとに横に並べ，さらに，「この先も答えの減り方は一緒になるのかな？」という思いを引き出すために，黒板の下の方を広く開け提示することです。時間を取って考えさせれば，子どもたちは自分たちで筆算をつくり調べていきます。

　さらに，教室側面に九九の表を掲示しておけば，授業最後に，答えの減り方が九九の表の平方数であることにも気がつきます。

2 問題

　①から順に，筆算で計算しましょう。
　　　①20×20　　②21×19　　③22×18

授業のねらい

グループで筆算を解く中で，答えの減り方にきまりがあることに気づかせ，さらにきまりを調べるために進んで計算に取り組むことができるようにする。

授業展開

❶筆算の問題にグループで取り組む

3～4人のグループに，隣のグループと同じにならないように配慮しながら，2けた×2けたのかけ算が3問書かれた問題を封筒に入れて渡します（2組ずつ同じ問題があります）。全員できたら次の問題に進む，わからないところは教え合う，の2点を確認し筆算で計算させます。

T 問題は筆算で解きましょう。
全員が1問目をクリアするまで，アドバイスをしてくださいね。全員ができたら次の問題に進んでください。
C まだ，自信ないんだよな。
C 大丈夫。アドバイスするから。

Point!
グループは学習の状況を考慮して組む。

C （机間巡視中）先生，この矢印はなんですか？

T （全体に）2班のみんなが気づいてくれました。矢印には，2問目の答えが1問目の答えと比べて，どう変わったかメモしてください。

❷答えの減り方の規則性に気づく

　グループでの解決が終わったら，2グループずつ同じ問題を解いているので，お互いに結果に間違いがないかを確認していきます。間違いないことを確認したら，結果を黒板に掲示します。

　計算結果を確認する中で，問題が違うのに答えの減り方が一緒であることに気づかせます。「1の位が0以外から始まる同数をかけるかけ算から始めても一緒になるのか」を問いかけ，クラス全体で吟味します。

T　全員が計算できたようです。間違いがないか答えを確認してみましょう。

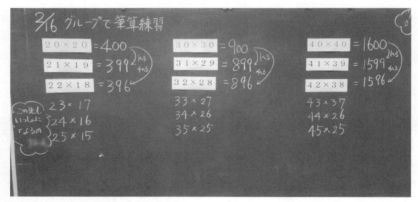

C　あれ？　問題が違うのに，答えの減り方はみんな同じになってる。
C　これって，最初の計算の1の位が0だから一緒になるんじゃない？
C　違う気がする。例えば，25×25で始めても一緒になると思う。
T　本当かな？　みんなでやってみようか。
C　やっぱり同じだ！　最初に1減って，次は4減ったよ。
C　この次に，かけられる数を1増やして，かける数を1減らすと，どういうふうに減るのかな…？

❸さらに答えの減り方に規則性があるのかを調べる

❷の最後の子どもの問いをきっかけに，グループで，かけられる数を1増やし，かける数を1減らしながら式をつくっていきます。

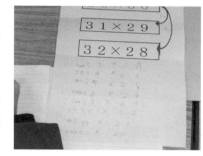

筆算の形で，グループ内で間違っていないかを確認しながら解かせます。一定時間で区切り，解決できたところまで式，答えを板書させます。板書された計算結果から，どのグループも答えが，1，4，9，16，25，36，…と減っていくことを確認します。さらに，事前に掲示しておいた九九の表を見て，平方数で減っていくことに気づく子がいたら取り上げ，全体に広げます。

T　では，自分たちで式をつくって調べてみましょう。

Point!

手分けして調べるよう促すと，規則性の確認までの時間を短縮できる。

T　（5分ほど時間をおいて）グループの代表が計算結果を黒板に書いてください。
C　1，4，9，16，25，36…で減る。
C　この数，どっかで見たことがあるような…。
C　九九の表の斜めだ！
T　すごいことがわかったね。同じ数で答えが減ることがわかっただけじゃなくて，その数が九九表の斜めの数になってたんだね。

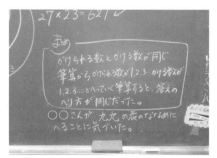

（瀬田　浩明）

3年／トピック教材
買い物で役立つ暗算の仕方を考えよう！

① 授業の概要

　本授業では，買い物の場面で役に立つ暗算について考え，実際の生活で役に立つ速くて正確な暗算の仕方を，学級全体やペアでの対話を通して練り上げていきます。

　前時で100円玉を持って買い物に行く場面を設定し，暗算でおつりを出す方法を考えます。被減数を何十とみて多く見積もったり，分けて考えたりして自分なりの方法で考えます。

　そして本時では，2つの品物を買って，ちょうど100円になる暗算の仕方を考えます。つまり1つの品物を買って，あといくらで100円になるかという問題で，例えば，62＋□＝100です。実際の生活を考えた場合，100からひくよりも補数の考えの方が速いと考える子どもの気づきを，みんなで共有します。

② 問題

> 坂本先生は62円のドーナツを1個と，もう1個品物を買います。
> どの品物を買うと，代金が100円になりますか。

授業のねらい

学級全体やペアでの対話を通して，補数の考えによる暗算の仕方を理解できるようにし，「100づくり暗算かるた」につなげる。

授業展開

❶題意をつかみ，暗算の仕方を考える

100円ぴったりの買い物をするにはあと何が買えるのか，つまりあといくらで100円になるのかという買い物の場面を設定し，その暗算の仕方について自分の考えをまとめます。

T　式はどうなりそうですか？
C　100－62です。
C　62＋□＝100の□を求めるとよいです。
T　□ってどういうこと？
C　ドーナツと何かを買って，ぴったり100円になるものです。
T　式や言葉や図を使ってノートに考えを書いて，坂本先生にわかりやすく伝えようね。

❷ペアで自分の考えを伝え合う

　ノートに書いた自分の考えを、隣の友だちにわかるように伝えます。ノートに書いたことを読み上げるのではなく、相手意識をもって説明させるようにします。また、違う考えに出合ったときは、わかるまで聞くようにします。

T　自分の考えを隣の友だちにわかりやすく伝えましょう。

oint!

　友だちに考えを伝えるとき、「ここまではわかる？」など短く切って話をさせる。また、友だちの考えを聞くときは、「わからないからもう１回言って」などと問い返し、わかるまで聞くようにする。このようなやりとりが深い理解につながる。

C　私は、まず62を60とみて100から60をひいたよ。でもあと２ひかないといけないでしょ？　だから40から２をひいて38。38円はチョコレートだよ。
C　あと２ひくのはどうして？
C　だって、本当は62ひかないといけないでしょ？　でも60しかひいてないから、あと２ひくんだよ。

❸学級全体で話し合う

　62を60とみてひいたり，62を60と2に分けてひいたりする方法もあるが，補数の考えで暗算している子どもの考えを共有する。

> **Ⓟoint!**
> 　補数の考えで暗算している子どもが，計算がとても速いことを実際に見せて，なぜ速いのか，どこに目をつけて暗算しているのかを考えさせる。

T　○○さんは別の方法でやってるよ。57＋□＝100の□の数字は何になる？
C　43です。
C　○○さん速い！　なんで!?
T　○○さんは，どこをしっかり見ているのかな？　話し合ってみて。
C　57のペアが，一の位も十の位も10になればいいのかな？
C　十の位は10じゃなくて，9じゃない？　だって，一の位は10で十の位に1繰り上がるでしょ。
C　十の位は9になるペアを，一の位は10になるペアを見つければいいんだね。これだったら速くできそうだ。1000でもできそうだな。

（日方恵美子）

4年／式と計算の順じょ

あまりの数から もとの数がわかるのはなぜ？

授業の概要

　下のような問題について，図や式を行き来しながら考えさせる授業です。図から式へ，式から図へという繰り返しが，子どもたちから多様な考え方を引き出します。それらを活発に交流させるため，個人や全体での活動より，グループによる小集団の活動が有効です。グループで学び合う中で，図も式も固定的なものではなく，動かすことができる可変性のあるものという意識が育てられることでしょう。

問題

　正三角形に並べたおはじきを，下の図のように，1つの辺の個数で並べ替えたとき，あまりの数がわかれば，最初のおはじきの総数を「3×あまりの数＋6」の式で求めることができるのはなぜだろう。

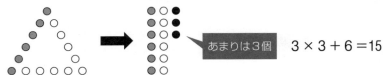

$3 \times 3 + 6 = 15$

授業のねらい

アレイ図を式にする活動をグループで行う中で，多様な式の意味を考え，総数を求める式の意味を理解できるようにする。

 授業展開

❶マグネットで正三角形をつくる

電子黒板を使い，丸型マグネットで１辺が４個の正三角形をつくります。また，子どもを１人だけ前に呼び，電子黒板の裏に立たせます。

T この１辺（４個）を縦に並べて，その横に残りのマグネットを並べます。すると１個はみ出ますね。Aくんは，このはみ出た数，つまりあまりの数を聞いただけで，図を見なくてもマグネット

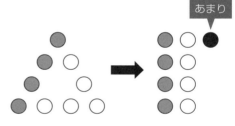

の全部の数を当てることができます。A君，何個ですか？
A えーっと…，９個です！
C え〜っ，図を見ないのにわかるの!?

続いて，電子黒板で１辺が６個の正三角形をつくります。

C 今度はあまりが３個になった。
T A君，あまりが３個だって。マグネットの数は全部でいくつかな？

A　え〜っと，15個です！
C　図を見ていないのに，どうしてわかるの⁉

❷「魔法の式」を試してみる
T　実は，電子黒板の裏には「3にあまりの数をかけて，6をたす」と書いてある紙が貼ってありました。この「魔法の言葉」には，どんなことが隠されているのかな。

　まず，「3×あまりの数＋6＝全部の数」という言葉の式をつくり出し，「魔法の式」と呼ぶことにしました。そして，おはじきで実際に確かめながら，グループで話し合いました。

C　本当だ！　式の通りになったよ。
C　あまりが2個だと3×2＋6で12個になる！
C　18個でつくったら，あまりが4個になった。
　　3×4＋6＝12＋6＝18。合ってる！
C　どうして1辺の数は関係ないのかなぁ…。

　全員が試したところで，1辺が7個の場合を例にとって，「魔法の式」の秘密（おはじきの総数を「3×あまりの数＋6」の式で求めることができる理由）を考えてみることにしました。

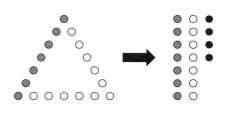

> **Point!**
> グループでの活動は,実際に具体物を動かしながら行うと,イメージが共有しやすいので話し合いが活発になる。

❸ 「魔法の式」の秘密を探る

C　あまりの「4」は図の中に見えます。「3」と「6」はどこかな…。
T　グループで話し合ってみましょう。
C　1辺の個数「7」は式に出てこない。
C　図をこうすると(右図),3×4+2×3にも見えるよ。
C　これまでにつくった他の正三角形と見比べてみようよ。

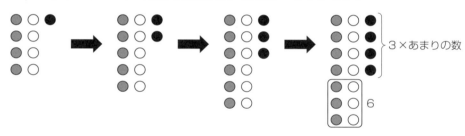

C　あっ,3個1組の部分が1組ずつ増えている！
C　これで「3×あまりの数」の部分が見えたよ。
C　6も見えた！　いつも6は変わっていないよ。

> **Point!**
> グループでの話し合いでは,ノートに書き込んだり,ノートを見せ合ったりする活動を必ず取り入れる。

(藤本　邦昭)

4年／面積

「1cm²のいくつ分」で面積を考えよう！

1 授業の概要

　グループ学習を通して，1cm²を操作しながら複合図形の面積を考えます。算数が苦手な子も操作しながら話し合うことができる授業です。

　子どもを3～4人組のグループにして，1cm²の正方形の紙（色のついたもの）をたくさん用意します。貼りつけながら考えていくので，台紙やノリなどもセットで用意しておくとよいでしょう。

　授業のポイントは，複合図形で中の空いている形は場所が変わっても向きが変わっても，欠ける面積が同じならどれも面積は同じであることに気づかせることにあります。

　1cm²の正方形でつくった形から，少しずつずらして提示していきます。最後に，斜めになった長方形が空いている図形の面積を見て，空いている面積が同じなら，残った部分の面積は同じになるということに気づかせます。この同じである理由を正方形のマスを基に面積の計算とあわせて考えさせます。

2 問題

> 2つの図形の色のついた部分の面積を求めよう。
> （面積が同じになる理由を説明しよう）

授業のねらい

グループや学級全体での話し合いを通して，面積が同じになる理由を考えさせ，筋道立てて説明できるようにする。

授業展開

❶問題をグループで考える

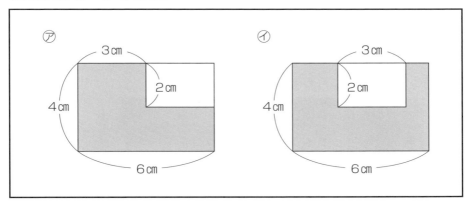

㋐と㋑の面積が同じになることを確認し，自分で考えたことをグループで確認し伝え合うようにします。

T　それぞれで同じように1cm²の正方形を並べて，面積を考えてみましょう。
C　まず，並べてみよう。
C　3×4+(4-2)×(6-3)=18cm²（次ページ写真1）
C　㋑は3つに分けるといいのかな…？
C　㋑は分けると大変だから全体からひいて求めよう（次ページ写真2）。

写真1

写真2

C　あっ，同じになるよ！　ずらしていくと同じになる。

❷「同じ」について説明し合う

T　「同じ」ってどういうことかな？　グループで，「同じ」って言った友だちの気持ちがわかる人いるかな？　1cm²を使って説明してみよう。

C　長方形を左にずらしただけで，㋐と㋑は並べ替えただけ。

C　ずらしていくとどれも同じになるよ（写真3）。

写真3

oint!

　グループで1cm²をずらしながら，説明や気づきを出し合わせる。また，説明できる人のところへ移動して聞くのもよいことにする。

❸新たな複合図形の面積を考える

続いて，グループで考えた1組の複合図形を，面積が同じものや違っているものに整理し，確認していきます。

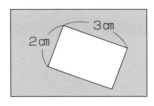 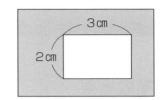

T　いったん手を止めて。黒板に貼られたもの（上図）の面積を考えて気づいたことを話し合いましょう。
C　内側の長方形をずらしても求めるところの面積は変わらないよね。

C　全体の長方形か中の長方形をひくと，向きが変わっても同じ。
C　大きな長方形から，2×3の長方形を取ったのはどれも同じ。

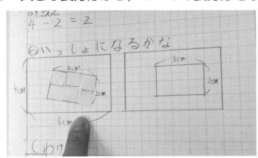 

ⓟoint!

1㎠の長方形を，空いている部分（中の長方形）の中に並べているものを提示し，空いている方の長方形の面積に気づかせる。

（園田　耕久）

4年／面積

長方形で正方形をつくろう！

1 授業の概要

　まず，縦40cm，横50cmの長方形の画用紙を敷き詰めて，正方形をつくります。でも，大きな画用紙を1人で何枚も敷き詰めるのは大変。当然，グループでの作業が必要になります。知恵と力を合わせて巨大な正方形をつくったら，今度はその面積を求めます。自作の正方形です。大きな面積を考える必然性が生まれ，1mを1辺とする正方形を基準にするよさを感じます。

　さらに面積を求めることができたら，その1m^2の面積を使ってグループ対抗の「じゃんけん面積取りゲーム」をします。これは，じゃんけんで勝ったら1m^2の正方形を縦か横に1m伸ばしていくゲームです。ゲームの中で面積の概念を自然に再確認することができるでしょう。

2 問題

1　縦40cm，横50cmの長方形を敷き詰めて正方形をつくろう。
　　できた正方形の面積を求めよう。
2　じゃんけん面積取りゲームをしよう（1m^2の正方形を2つ用意）。
　①2グループに分かれ，代表1人ずつがじゃんけんをする。
　②勝てば，1m定規を2本分増やし，縦か横の長さを1m伸ばす。
　③面積が大きい長方形（正方形）をつくった方が勝ち。

授業のねらい

　グループでの作業やゲーム活動を通して，$1m^2$を基にした大きな面積の求め方を理解できるようにする。

授業展開

❶長方形を敷き詰めて，正方形をつくる

T　縦40cm，横50cmの長方形を敷き詰めて正方形をつくることができる？
C　どのように並べればいいのかな…。
C　1枚を基に縦と横に置いていくといいんじゃない？

C　縦は5枚だから，40cm×5で200cm。横は4枚で50cm×4で200cm。縦と横が同じ長さになっているから正方形です。

　1グループを4人程度にすることで，考えの出し合いだけでなく，実際に置いて並べて確かめる作業協力もやりやすくなる。

❷正方形の面積を求める

すべてのグループが大きな正方形をつくったところで，その面積を求めていきます。

C 縦も横も200㎝だから…。
T 1辺が200㎝の正方形の面積を求めましょう。式と答えをノートに書きましょう。
T 式と答えができた人は，グループの中で確かめてみてください。
C 正方形の面積公式は「1辺×1辺」だったから，200×200だよね。

全体の中で，200（cm）×200（cm）＝40000cm^{2}の確認をします。

T 40000cm^{2}って，1cm^{2}が40000個だよね。
C 40000個って多すぎるよ。
T さっきだれか，200㎝のことを別の言い方で言ったけど…。
C 200㎝は2mです。1辺×1辺だから2m×2m？
T 1辺が1mの正方形の面積を1m^{2}と言います。では，みんながつくった正方形は何m^{2}ですか？
C 4m^{2}です。

❸「じゃんけん面積取りゲーム」をする

Aチームと Bチームに分かれて，1人ずつじゃんけんをしていく。

Aチーム	Bチーム
スタート ▢	スタート ▢
1回勝ち ▭	1回勝ち ▭
2回勝ち ▭	2回勝ち ▭
3回勝ち ▭	3回勝ち ▭
4回勝ち ▭	

oint!

学級を2分割して大きなグループをつくることで，「勝ちたい」という思いと「面積を効率よく広げたい」という思いを強める。

全員がじゃんけんしたところで終了。面積を求めます。

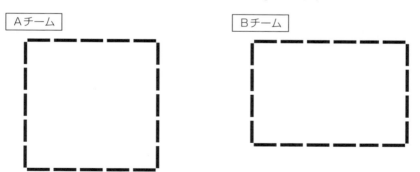

C　Aチームは，500×500＝250000で，250000cm²です。もしm²を使わなかったら，やっぱり計算が面倒だね。

(藤本　邦昭)

4年／がい数とその計算

「だいたい500」を つくろう！

授業の概要

　本時は概数の導入授業です。どの子も少しでも興味をもって取り組めるように，3枚のカードを使って「だいたい500」をつくるゲーム的な活動で導入を図ります。この活動はペアで対話し，相談しながら取り組ませます。

　子どもたちがつくった「だいたい500」のカードを素材に「だいたい500と言える数がいくつあるか」が中心課題となります。まずは自分なりに判断し，その後適宜ペアでの思考を促します。さらに，ペアや全体での話し合いを通して，「だいたい500」と言えるかどうかの基準となる450や550という数値に子どもたちが気づいていくような展開を目指します。

問題

　「だいたい500」をつくろう。

「410」「432」「463」「485」「498」「501」
「515」「538」「548」「556」「578」「589」「599」

　「だいたい500」と言える数はいくつあるかな？

授業のねらい

「だいたい500」をつくるゲーム的な活動を通して,「概数」の意味を理解できるようにする。

 授業展開

❶ペアでの対話を通して「だいたい500」をつくる

大人数の集合写真を見せ,どれぐらいいるか予想させながら,子どもたちから「だいたい」「およそ」「…くらい」などの言葉を引き出します。

子どもたちから出てきた「だいたい」を使ってゲームをします。箱の中から3枚の数カードが入った封筒を各ペアに1組ずつ取らせ,3枚の数カードを使って,ペアで相談しながら「だいたい500」をつくらせます。

T できた数をカードに書き,黒板の数直線のどこにおいたらよいか相談しましょう。決まったら置いてください。

黒板の数直線上にカードが出そろったところで,ノートに写させます。

oint!

　「501」や「515」などの「だいたい500」のカードは，15枚前後が処理しやすく，それを考えるとペアでの活動がよい。また，数直線を写す活動にはやや時間を費やすので，ペアで互いに確認し合いながら作業を進めさせる。

❷「だいたい500」と言える数がいくつあるか考える

　黒板の数直線上のカードを見て，「だいたい500」になるかどうかをまずは自分なりに判断させます。

T　「だいたい500」と言える数はどれですか？　さっき写したノートの数に○をつけてください。
C　いっぱいあります。
C　えっ!?　私は少しだけ。
C　私は1個だけ。
T　今，ノートに○をいくつつけましたか？　黒板の座席表に○の数を書き込んでください。

❸「だいたい500」と言えるのはどの数かをみんなで見いだす
　このときの子どもの反応は「1」「2」「3」「4」「7」の5通りであり，一番多い反応は「7」の4人です。ここは「1」から取り上げます。

T　それでは，「1」と答えた人の考え方を聞きましょう。
C　「501」は「だいたい500」だと言えます。あとはダメかな？
C　ぼくは「2」にしたんだけど，「498」もいいんじゃないかな？
C　ぼくは「515」も入れました。
C　「536」もいいと思うけど…。
T　「これは絶対に違う」というのはどれ？　相談してごらん。
　　（しばらくの間，相談・確認の時間を取る）
C　「599」は絶対に違います。「だいたい600」になります。
C　「589」もです。「だいたい600」になります。
C　「410」も違います。「だいたい400」になります。
C　「432」も「だいたい400」です。
T　「だいたい500」だけでなくて「だいたい600」や「だいたい400」まで出てきたね。ここで一番多かった「7」の人の考えを聴きたいな。
C　私は450から550までの数を「だいたい500」だと考えました。そうすると，「463」「485」「498」「501」「515」「538」「548」の7つになりました。
T　「556」は入らないの？
C　「556」は550には入らないので「だいたい600」になります。

ⓟoint!
　全体の話し合いの中に，適宜ペアや近くの友だちと相談・確認する時間を取り，「だいたい500」になる数をとらえさせる。

（宮本　博規）

4年／分数

分数ババ抜きをしよう！

授業の概要

本時はババ抜きというゲームを通して，等しい分数を確認していきます。数字は違うけど大きさが等しい分数に気づき，本当に等しいのかを確認しないとゲームが進まないことで，子どもの学ぶ意欲を引き出します。ババ抜きは3人以上でなければおもしろくないので，グループで活動することで，等しい分数に触れ，確かめる時間を増やし，かつ楽しむことができます。

問題

1　「分数ババ抜き1」をしよう！

- 使うカードは $\frac{1}{2}, \frac{1}{3}, \frac{1}{4}, \frac{1}{5}, \frac{1}{6}, \frac{1}{7}, \frac{1}{8}, \frac{1}{9}$

- 3～4人でババ抜きをする。（事前に1枚抜いておく）

2　「分数ババ抜き2」をしよう！
- 使うカードは $\frac{1}{2}, \frac{2}{4}, \frac{1}{3}, \frac{2}{6}, \frac{3}{4}, \frac{6}{8}, \frac{2}{3}, \frac{4}{6}, \frac{1}{5}, \frac{2}{10}, \frac{2}{5}, \frac{4}{10},$ $\frac{3}{5}, \frac{6}{10}, \frac{1}{6}, \frac{2}{12}, \frac{1}{4}$

- 3～4人でババ抜きをする。（事前に1枚抜いておく）

授業のねらい

分数ババ抜きを通して,等しい分数について理解できるようにする。

授業展開

❶分数ババ抜き1をする

　分数が書いてあるカードを使ってババ抜きをします。まず,カードを同じ数ずつ配ります。ゲームをする人数は3人か4人がよいでしょう。配られたカードに等しい分数があったら捨てます。回す順番を決め,隣の人のカードを引きます。等しい分数があったら捨て,早く全部なくなった人の勝ちです。

　このゲームは次のゲームへの準備で,算数の要素は少ないのですが,アイスブレイキングと思い,5分ぐらい時間を取って楽しんでください。

T　今日は「分数ババ抜き」をします。3人の人に手伝ってもらいます。
C　はい！
　（モデルとして,黒板上でカードが見えた状態でゲームの説明をする）
T　じゃあ,グループで今のゲームをしよう。

❷分数ババ抜き２をする

次は，大きさは等しいけれど，数が違う分数を含むババ抜きを行います。

T 次はカードを変えてババ抜きをするよ。
（封筒に入れたカードを配る）

このカードではできないという声が聞こえてきても，その声をすぐに取り上げ，みんなで共有するのではなく，ゲームが成立しているグループもあるし，できないグループもあるという状態をつくる。そのことで「なぜだろう？」「早くゲームがしたい」という思いを高める。

C えっ，このカードじゃできないよ。
C うん，同じ大きさのカードがないよ。
C いや，できるよ！
T ババ抜きゲームができる班とできない班があるようだね。
（今の状態を全体で共有する）
T できてない班は，どうしてできないって言ってるの？
C 同じカードがない。
T 確かに，同じカードがないね。ごめん，間違ったみたいだ。
C いや，同じカードがあるよ！
T 同じカード？
C 数は違うけど，大きさが同じはあります。
T 「数は違うけど，大きさが同じ」ってどういうこと？
C （数直線などの図を使って，$\frac{1}{2}$と$\frac{2}{4}$などのカードが等しい大きさであることを説明する）

❸残ったババのカードと等しい分数を考える

ババ抜きゲームを終えると，ババのカードが残ります。そのカードには等しいカードはないのかを考えます。

T　残ったババのカードには，等しい大きさの分数はないのかな？

oint!

せっかくグループでゲームをしているので，グループで等しい分数を考えさせたい。グループで考えることで，一斉授業ではなかなか発言できない子どもも発言の機会が増える。

C　等しい分数はあるよ。
C　図で考えるとわかります。
C　1つだけじゃないよ。
T　カードがもっとほしいって言ってるグループがあるんだけど。1つだけじゃないんだ？
C　もっとあります。
C　残ったババのカード $\frac{1}{4}$ と等しい大きさの分数は $\frac{2}{8}$，$\frac{3}{12}$ …があります。分子は1の段，分母は4の段の九九になっています。

(清水　修)

4年／変わり方

どの部分が2ずつ増えるのかを考えよう！

1 授業の概要

ペアや全体と，目的に応じた学習形態で話し合い活動を多く取り入れ，子ども同士のやりとりを通して理解を深めていきます。特にペア学習は，全体で共有した後の活動が効果的です。友だちの考えの発表を聞いた後，その考えの根拠となる図や表，式と関連づけながら説明することで，より一層子どもたちの理解が深まります。

本時は，表を作成する中で，テーブルが1個増えるごとに，人数が2人ずつ増えるきまりに気づかせます。しかし，表から2ずつ増えるのはわかっても，図で考えるとどの部分が2ずつ増えるのかを理解できる子は多くありません。そこで，図と表，図と子どもが考えた式を照らし合わせながら，どの部分が増えていくのかを視覚的に気づかせ，説明できる力を育てていきます。

2 問題

テーブルを1個，2個，3個…と1列に並べていきます。8個並べると，何人座れるでしょう。

1 図を使って，どの部分が2ずつ増えるのかを考えよう。
2 「テーブルの数×2＋2」の式の意味を考えよう。

授業のねらい

ペアや学級全体での活動を通して,テーブル数と人数の関係について,図や表を使って説明できるようにする。

授業展開

❶図と関連させながら,どの部分が2ずつ増えるのかを考える

テーブルを1列に8個並べる問題を,子どもたちは図や表を使って,答えを求めます。

具体的には,表から見つけたきまりを基に,図を使ってどの部分が2ずつ増えるのかを話し合います。

テーブルの数	1	2	3	4	…
人数	4	6	8	10	…

T 表を見ると,テーブルの数が1増えると,人数が2ずつ増えているよね。図でも増えているのかな?
C あっ,増えてる。
C 本当だ。
T 黒板で説明してみて。
C (指で示しながら)こことここの部分が増えています。
C (チョークで図に印をつけながら)ここの2つが増えています。
C テーブル2個のときは,2人増えて6人。3個のときも,2人増えて8人…。

T　前で発表してくれた人が言ったことを,隣の人に説明してみよう。
C　よくわからない。教えて。
C　(ノートにかいた図を使って)この2つがテーブル1つ増えるごとに,2ずつ増えているよ。
C　あー,そういうこと。確かに2ずつ増えている。

Point!

全体の場面で思考過程の共有を図った後,ペアで話をさせることで,考えが整理されたり,理解できていないことに気づいたりすることができる。

❷子どもが考えた式の意味を考える

表からきまりを見つけた子どもが調べているうちに,考えた式を取り上げます。その式が本当に成り立つのかを全員で考えていきます。

T ○○さんがどうしても言いたいことがあるんだって。
C （表を指しながら）1に2をかけて，たす2をして4。2に2をかけて4，たす2をして6。
C あーっ，わかった！
C どういうこと？ わからない！
T ○○さんの気持ちがわかる人。
C ○○さんが言いたかったことは，テーブルの数に2をかけて…。
T 2人が言ってくれたことを，お隣の人と確認してみてください。

oint!
友だちの発表を聞いて，理解できているかどうかをペアで確認する。

T 整理するよ。言葉の式で言ってみて。
C 「テーブルの数×2＋2」です。
C その2はどこから来たの…？
C なんで2が2つあるんですか…？
C （他の子が図を使って）かける2がここで，たす2がここ。

C あー。そういうことね。
T どうして「たす2」なの？
C だって，ここはずっと変わらないから。
C 確かめ算の式みたい！

（中村栄八郎）

4年／直方体と立方体

まぼろしのモンスターを閉じ込めよう！

1 授業の概要

導入では、「まぼろしのモンスターを閉じ込めるための箱の形を考え、つくり方をモンスター博士に伝える」という子どもの意欲を高める設定でスタートします。箱の形を考えるだけでなく、博士に「伝える」ということがグループ学習の1つのポイントになります。

箱の構成面の特徴に着目して、その特徴をわかりやすく伝えるためには、1人で考えるだけでなく、グループで取り組むとより効果的です。協力して具体物を使って箱を組み立てたり、デジタルコンテンツで面を動かして組み合わせを考えたり、という操作活動をグループで行うことによって、その活動の中で自然と伝え合いが生まれ、表現が多様になると共に、よりわかりやすい表現へと高まり、学び合いも活性化されます。

最後に、子どもたちの表現を生かしながら、直方体と立方体の定義をまとめ、箱の形をわかりやすく伝えることができたかを振り返ります。

2 問題

　グループのみんなで協力してまぼろしのモンスターを閉じ込めるための箱をつくり、その箱の形の特徴やつくり方をモンスター博士にわかりやすく伝えよう。

授業のねらい

グループで協力して、いろいろな箱（直方体と立方体）の構成面に着目・分類し、その特徴を伝えることができるようにする。

 授業展開

❶本時の課題を知る

「まぼろしのモンスターを閉じ込めるための箱の形を考え、つくり方をモンスター博士に伝える」という課題を伝えます。また、「カードで囲まれた形であること」「箱の形をつくること」というルールを確認しておきます。

T　ルールを守って、まぼろしのモンスターをつかまえましょう。
C　カードで囲んで箱の形をつくって、上と下にもふたをするといいね。

❷グループで話し合ってカードブロック（左上写真）で箱をつくる

長方形と正方形のカードを何枚使って箱をつくるか、念頭操作だけではイメージがつかめない子も、グループ内でアドバイスを受けながらカードブロ

ック（裏側にプラスチックのブロックを貼りつけたカード）を実際に組み立ててみることで，見通しをもつことができるようになります。

oint!
　3〜4人のグループにすることで，全員が操作活動にかかわることができるだけでなく，お互いの考えも出しやすくなる。

T　どんな形のカードが何枚あるか確かめましょう。
C　長方形と正方形のカードがある。両方使って箱をつくるのかな？
C　正方形のカードだけでも箱ができるんじゃないかなぁ…。

❸デジタルコンテンツを使って箱の構成要素について考える
　タブレットをグループに1台ずつ用意します。長方形と正方形を組み合わせて，いろいろな直方体や立方体をつくりながら，箱の構成要素のカードの形や枚数を確かめていきます。

T　タブレットの中のコンテンツでカードを組み合わせて箱を組み立ててみましょう。できる箱の組み合わせは1つだけですか？
C　2種類はできます。
C　3種類できると思います。
T　どんな組み合わせでできたかわかるように，箱ができたら，長方形と正方形のどの面を何枚使ったかをノートに書き留めておきましょう。

oint!
　タブレットを交代で操作する。グループ内でそれぞれの考えを伝え合いながら，長方形や正方形のカードを組み合わせて箱を組み立てることで，学び合いを深めることができる。

❹箱の特徴をグループでまとめて発表し，学習の振り返りをする
T　できた箱の形，そのつくり方をモンスター博士にわかりやすく伝えられるようにグループでまとめてみましょう。
C　正方形のカード6枚でサイコロの形の箱ができました。
C　まわりを同じ長方形のカード4枚で，そして上と下のふたを正方形のカード2枚で箱をつくることができました。
C　長方形のカードだけでは箱はつくれないかなと思っていましたが，3種類の長方形のカード2枚ずつの組み合わせ6枚で，箱をつくることができました。

T　わかったことや感想をまとめて，今日の学習について振り返ってみましょう。
C　正方形の面だけで囲まれた箱の形を「立方体」ということをはじめて知りました。
C　直方体は長方形の面だけではなく，長方形と正方形を組み合わせた面で囲まれた形もあることがわかりました。

（根本　敬・菅　建二）

5年／合同な図形

矢じり形は本当に敷き詰まっているの？

❶ 授業の概要

「麻の葉模様」と呼ばれる模様の中から図形を見つけ出し，いろいろな図形で敷き詰め模様をつくっていく授業です。麻の葉模様の中にある敷き詰まりそうにない形「矢じり形」の敷き詰めの可能性を明らかにすることを目指し，四角形の内角の和を活用して演繹的に説明する体験をしていきます。グループで実際に敷き詰める経験を共有することで，矢じり形が敷き詰まる理由について友だちとの対話を通して解決していく状況を自然とつくることができます（2，3時間扱いを想定しています）。

❷ 問題

麻の葉模様から三角形や四角形を見つけましょう。その三角形や四角形を使って敷き詰め模様をつくることができるでしょうか。

授業のねらい

矢じり形の敷き詰めについてのグループでの話し合いを通して，四角形の内角の性質について理解を深め，論理的に考える力を育てる。

授業展開

❶麻の葉模様からいろいろな図形を見つける

T　この「麻の葉模様」の中からどんな図形が見つけられますか？
C　二等辺三角形，正三角形。
C　ひし形，台形，平行四辺形。
C　たこみたいな形の四角形もあるね（たこ形）。
C　初心者マークみたいな，矢印みたいな形もあるよ（矢じり形）。
T　どの図形を使っても，敷き詰め模様がつくれるかな？
C　二等辺三角形とかは，もともと麻の葉模様に敷き詰まってるよ。
C　敷き詰まっていないのは，たこ形と矢じり形だね。
C　たこ形は敷き詰まりそうだけど，矢じり形は敷き詰まるのかな…？

❷矢じり形を敷き詰める

　4人グループの学習形態で、矢じり形を実際に敷き詰めてみます。

C　これ敷き詰まらないよ…。
C　そうだよね。辺を合わせていったら途中で重なっちゃう。
C　あれ？　敷き詰まりそうな感じがする。ちょっとみんなの矢じり形を借してくれない。
C　ほんとだ！　端っこが敷き詰まってどんどん広がるね。

ⓟoint!

　矢じり形を1人5〜7個ずつぐらい配っておくと、足りなくなり、自然とグループで敷き詰めに取り組むようになる。

C　これほんとに敷き詰まってるのかな？
C　ちょっとずれてたりするんじゃない？
T　本当に敷き詰まっているかどうか考えてみますか？
C　やってみよう！

❸矢じり形が本当に敷き詰まっているのか説明する

矢じり形が本当にすきまなく敷き詰まっているかについて話し合います。

C　敷き詰めると，ABCDの角が集まってる。
C　Aは60°，BとCは30°，Dは240°。全部たすと360°になるからすきまはないよ。
C　角度を測らなくても，ABCDは四角形の内角の和だから，たしたら360°とわかる。
C　じゃあ，どんな四角形でも敷き詰めることができるっていうことかな…？
T　自由に四角形をつくって敷き詰めてみよう。

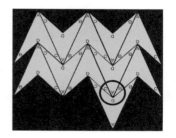

ⓟoint!

矢じり形の角にA，B，C，Dと記しておくと，敷き詰まったところに矢じり形（四角形）のすべての角が集まって360°になっていることがわかりやすくなる。

❹敷き詰め模様をつくる

C　バランスの悪い矢じり形を敷き詰めて模様をつくってみよう。
C　うまく敷き詰まらない…。この形は無理なのかな？
C　4つの角が集まるように並べていけば敷き詰まるよ。

 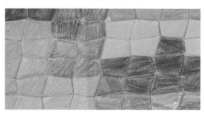

（大林　将呉）

5年／整数

たしてもひいても
なぜ偶数にしかならないの？

授業の概要

　カレンダーを使って計算をします。選んだある数から縦か横に3マス進んで4つの数を選びます。そして，その4つの数をたしたりひいたりして答えを出します。すると，全員の答えが偶数にしかなりません。

　グループ学習によって，数の選び方を複数見て「4つの数の選び方がすべて奇数2つ偶数2つになっている」ということに気づいたり，様々な生活経験から得られた偶数・奇数の見方で見たりしながら課題解決に向かうことができます。後半は，点列を基にして，偶数にしかならない理由を説明することで，偶数と奇数の概念をしっかりととらえさせることができます。

問題

　カレンダーから1つ数を選び，そこから縦か横に3マス進んで4つの数を選びます。選んだ4つの数をたしたりひいたりして答えを出しましょう。

2017年　8月

月	火	水	木	金	土	日
	1	2	③	4	5	6
7	8	⑨	⑩	11	12	13
14	15	⑯	17	18	19	20
21	22	23	24	25	26	27
28	29	30	31			

例　3＋10－9＋16＝20

```
    3
 9 10
16

       3  4
      10 11
 6
13
20 21

 9 10 11 12
```

授業のねらい

カレンダーから規則性を発見し,グループでその理由について話し合う活動を通して,偶数・奇数の意味や性質を理解できるようにする。

 授業展開

❶カレンダーから数を選んで計算してみる
T カレンダーから4つの数を選んで,たしたりひいたりして答えを出しましょう。
C 簡単に計算できるね。
C あれっ,奇数の答えが全然出てこないよ。

C どんな4つの数で計算しても答えが必ず偶数になってしまうのはなぜだろう…?
C 奇数には絶対にならないのかな…?

oint!

　計算結果は画用紙などでつくった短冊に書かせて出させると，きれいに並べ替えることができ，きまりに気づきやすくなる。

❷答えが偶数にしかならないのはなぜかを考える

　4つの数をたしたりひいたりして答えが偶数にしかならない理由についてグループで話し合わせます。

C　奇数と偶数ってたしたら奇数になるよね？　そして，奇数と奇数をたしたら偶数になる。
C　そうそう，それが関係してると思うんだよね。
C　奇数と偶数の数ってさあ，2つずつじゃない？
C　ほんとだ！　僕のも全部奇数が2つで偶数が2つになってる。
C　奇数と奇数をたしたら偶数なんだから，残りは全部偶数だけの計算になるんじゃない？

oint!

　カレンダー上で選んだ4つの数に奇数には青丸，偶数には赤丸で印をつけておくと，グループでの課題解決の糸口となる。

❸点列を使って説明する

計算結果が偶数にしかならない理由について全体で話し合わせます。

- C みんなの計算を見てみると，必ず奇数2つと偶数2つの計算になっています。奇数と偶数をたしたりひいたりしたら奇数になり，奇数と奇数をたしたりひいたりしたら偶数になるから，答えが偶数になります。
- T 奇数と偶数をたしたりひいたりしたら，必ず奇数になるの？
- C 例えば，10＋9だったら，9の方に1個あまりが出るから，偶数にはなりません。
- C よくわかりません。
- T これ（点列）を使ってみたらどう？

> **Ⓟoint!**
> 偶数と奇数の計算について説明しづらい様子が見られたら，点列による説明を促し，偶数・奇数の概念的理解を図る。

- C 偶数は，点列で表すと2・2・2…とぴったりになって，1つも余らない。奇数はボコッと1つ飛び出してしまう。
- C あ～あ，どんな数でも，奇数と偶数をたすとボコッとなるから奇数になるのか。
- C 奇数2つで偶数になるから，残り偶数3つで計算すると偶数になるね！

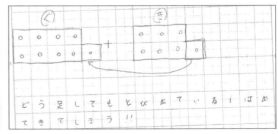

（大林　将呉）

5年／平均とその利用

じゃんけんゲームの勝者はどっち？

授業の概要

事前にじゃんけんゲームをします。教室内の友だちと1分間じゃんけんをさせ，勝った回数を各自報告させます。そして「クラスの1人当たりの勝った回数は，先生が計算しておきます」と伝えます。本時では，平均の考え方を使い，自分のクラスと他のクラスのじゃんけんゲームの結果を比べ，どちらのクラスが1人当たりの勝った回数が多いのかを考えていきます。その活動の中で，（部分の平均（A）＋部分の平均（B））÷2について考えます。

問題

> どちらのクラスが勝ったかな？

授業のねらい

> ペアや学級全体での活動を通して，人数が違うグループ同士の平均の平均をとる場合，全体÷個数で求めないと正しい平均にはならないことを，図を使って説明することができるようにする。

④ 授業展開

❶比べるクラスの一部（Aグループ）の個人の勝ち数を知り，その平均を求め，自分のクラスの平均と比べる

　授業の冒頭で，自分たちのクラスのじゃんけんゲームの勝ち数の平均が5.8回だったと知らせます。5.8は意図的な数値です。そして，Aグループを構成している8人の個人の勝ち数を知らせます。しかし，同時に8人の記録は提示しません。まずは，そのうちの4人（a，b，c，d）の勝った回数を，図を使って提示します。教師が，

「6回や7回の人がいるから，このクラスよりAグループが勝ってますね」
と投げかけます。

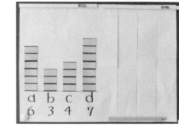

　しかし，子どもたちは，負けたくないので，「平均してみないとわからない」と返してきます。子どもたちはAグループの平均が5回になることを確かめ，喜びます。次に，残りの4人の一人ひとりの勝ち数を，図を使って提示します。子どもたちは同様に，平均3回になることを確かめ，再び自分たちが勝ったことを喜びます。

　本時で提示するグループと10人の回数は次の通りです。

グループ編成	Aグループ								Bグループ	
子 ど も	a	b	c	d	e	f	g	h	i	j
勝った回数	6	3	4	7	2	3	5	2	10	8
平　　均	5				3				9	

T　では，Aグループ全体（8人）の平均は何回ですか？
C　4回です。
T　どういう計算をしたの？

C （6＋3＋4＋7＋2＋3＋5＋2）÷8＝4…㋐
C （5＋3）÷2＝4…㋑

㋐の÷8の「8」は人数，㋑の÷2の「2」はグループの数であることも押さえておきます。

> oint!
> 　一般的には㋐の「合計÷個数」で解きますが，㋑の「2つの部分の平均をたして2（グループ数）でわる」方法でも答えが同じになるよう同じ人数（4人）ずつ提示する。

❷図を使って問題を解決する

　次に，Bグループの個人の勝った回数を，図を使って提示します。Bグループは2人です。これも計算し，Bグループの平均が9回になることを知り，残念がります。しかし，子どもたちは，「Bグループは人数が少ない」「AとBを合わせた全体の平均で比べたい」と言います。そこで全体（10人）の平均を計算させます。

C （4＋9）÷2＝6.5。6.5回です。（比べるクラスの記録に）負けました。
T 他の答えはありませんか？
C （6＋3＋4＋7＋2＋3＋5＋2＋10＋8）÷10＝5。5回です。勝ちました！
C えっ，どっちが本当なの？
C 図を使うと答えがわかります（図を動かしてならす）。
C （ならした図を見て）答えは，5回で間違いない。

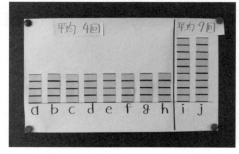

授業の前半に図を提示して，動かすことができることを子どもたちに見せておくと，図を使って説明しようとする子どもが出てくる。

❸ペアで相談する

　子どもたちは，図を動かすことで5回が正解だということはわかりました。しかし，なぜ（4＋9）÷2ではいけないのか疑問が残っている子どももいます。子どもから，ペアで話し合いたいという希望が出され，相談の時間を取ります。

　あらかじめペア学習を設定するのではなく，子どもたちがペアで相談したくなるような，本時のねらいにつながる問いを設定する。

　その結果，AグループとBグループの人数が違うことに子どもたちは気づいていきます。そして，どういうときに「（部分の平均＋部分の平均）÷2」の計算で正しく求められるのかを質問します。

T　どういうときに㋐の計算でも正しく求められるのかな？
C　2つのグループの人数が同じときです。
T　では，Bグループがあと何人いたら，（4＋9）÷2で正しい平均を求めることができたのかな？
C　6人です。あと6人いたらBグループも8人になり，AグループもBグループも同じ人数なので（4＋9）÷2でも求められます。(林田　晋)

6年／図形の拡大と縮小

拡大図と縮図のかく方法を編み出そう！

1 授業の概要

　図形の学習では，自分なりのイメージを強くもつ子が多く，「わかったつもり」に陥りがちです。そんな子どもたちの理解を確かにするには，グループ学習の中で，意識していなかった視点や，自分の見方や考え方をとらえ直すきっかけとなる友だちの見方や考え方に触れることが有効です。

　そこで，知識構成型ジグソー法※というグループ活動を設定します。まずは，既習の三角形の合同な図形のかき方を想起し，それを生かした拡大図・縮図のかき方を3人組で研究（エキスパート活動）します。次に，それぞれ別々のエキスパート活動で研究した技能をもち寄って，互いの専門的な研究結果を伝え合う新しい3人組の活動（ジグソー活動）に移ります。その中で，それぞれ研究したことを関連づけながら，新たな技能の創造を目指します。

2 問題

1　合同な三角形のかき方を生かして，2倍の拡大図，$\frac{1}{2}$の縮図のかき方をつくり出そう。（エキスパート活動）
2　つくり出した3つの方法を関連させて，新しい拡大図・縮図のかき方を編み出そう。（ジグソー活動）

授業のねらい

2つの図形の特徴を構成要素でとらえていく見方や考え方を使って、拡大図・縮図の作図をできるようにする。

 授業展開

❶拡大図・縮図をかく方法を考える
T　黒板に示した三角形の拡大図・縮図をかくことができるかな？
C　どうやってかけばいいんだろう…。
C　5年生で勉強した合同な三角形のかき方を使えばいいんじゃない？
C　合同な三角形のかき方は3つあった。「3辺の長さ」「2辺の長さとその間の角の大きさ」「1辺の長さとその両端の角の大きさ」を調べればかける。

T　では、3つのグループに分かれて、それぞれの方法を研究しよう。

Ｐoint!

5年生で学んだ合同な図形のかき方を基に、拡大図・縮図に活用できそうな方法を自分で選ばせてから、同じ方法を選んだ3人組のグループをつくり、エキスパート活動に入る。

❷拡大図・縮図の両方に共通する手順をわかりやすくまとめる

　各エキスパートに分かれて，拡大図・縮図のかく手順をまとめていきます。

● 「2辺とその間の角」追究グループ

C　2辺の長さを調べて…2倍にすれば辺の長さがわかるよ。

C　2辺の間の角ではない，違う場所の角だったらどうなるの？

C　間の角ではなかったら，2種類の三角形ができてしまう。だから，やっぱり2辺の間の角を調べなくてはいけない。

C　ここが，ポイントだ。

C　2倍の拡大図と一緒に，$\frac{1}{2}$の縮図も重ねてかけるよ！

C　角度は同じなのだから，重ねがきにすると手間が省けてかきやすい。

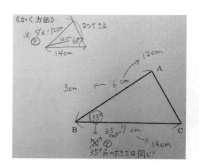

● 「1辺とその両端の角」追究グループ

C　合同な三角形の時と同じ方法だから，簡単にかけるね。

C　辺の長さは$\frac{1}{2}$にするのだけど，角の大きさも$\frac{1}{2}$にするのかな？

C　いや，対応する辺の長さは比が同じだけど，対応する角の大きさは同じじゃないと形が変わるよ。

C　私たちのかき方のポイントは，角の大きさは変わらない。

C　ちなみに，角Aの角度もわかる。

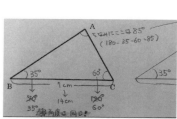

グループの中で，相手にわかりやすく説明できるポイントの整理を促します。

❸違う方法と自分たちの方法を比べる

　ジグソー活動で違う方法を考えた友だちに説明していきます。

T　エキスパート活動でつくり出した三角形の拡大図・縮図のかき方をジグソーグループで説明し合いましょう。（以下は2倍の拡大図の場合）

C　3辺の長さがわかれば，対応する辺の比が同じなのだから長さを2倍にすれば合同な三角形のかき方と同じ方法でかけるよ。

C　私たちもかき方は似ているのだけど，対応する角の大きさは同じじゃないといけないです。

C　だから，同じ角のところを重ねてみると簡単にかけそう。

C　重ねてかく方法は，角度を測らなくても済むかも。同じ角度だから。2辺の長さだけ調べれば，重ねてかいた方がわかりやすい！

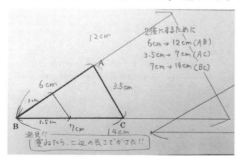

※詳しくは『協調学習とは　対話を通して理解を深めるアクティブラーニング型授業』（三宅なほみ他，北大路書房，2016）参照

（余宮　忠義）

6年／速さ
一番速いのはだれかな？

授業の概要

　A・B・C3人の走る速さの記録を，1人ずつ順番に提示します。すると，「だれが一番速いのか？」という問いを追究する意欲が生まれます。その問いを解決するためにどんな方法があるのか考えを出し合う中で，「道のりをそろえる方法」と「時間をそろえる方法」を導き出します。そして，自分でどちらかを選択し解決を図ります。その後，自分と違う方法で考えた相手と考えを交流することで，「道のり」と「時間」のどちらをそろえても速さを比べることができるよさを実感させます。

　交流する中で出た，「なぜ数が小さいと速くなるのか？」という疑問を取り上げ，全体に問い返すことで，速さの概念についてより深く理解することができるでしょう。

問題

3人の中で一番速いのはだれでしょう。

　　　　　　　Aさん…50m／9秒
　　　　　　　Bさん…50m／8秒
　　　　　　　Cさん…40m／7秒

授業のねらい

速さは，「道のり」か「時間」をそろえることができれば，比べることができることを理解できるようにする。

 授業展開

❶だれが一番速いのか考える

問題を提示し，本時のめあてをつくります。

T （A，Bの順に速さの記録を提示していく）
C Bさんの方が速い。
T （Cさんの記録を提示する）
C えっ…，Cさんが一番速いんじゃないかな…。
C いや，Bさんがやっぱり速いと思うんだけど…。
C BさんとCさんの速さは同じなんじゃない？
C 一番速いのはだれなんだろう。
T どうすれば，だれが一番速いかわかるかな？

Point!

取り上げる問題を身近な場面にするとともに，段階的に提示していくことで，子どもたちから「問い」を引き出し，協力して解決するきっかけをつくる。

❷速さを比べる方法を考える

　速さは「道のり」か「時間」をそろえれば比べることができることを確認し，どちらかの方法で解決を試みた後，自分と違う方法で解決した相手と意見を交流します。

C　どうしたらいいのかな…。
C　1mの速さを求めるといいと思う。
T　「1mの速さを求める」ってどういうこと？
C　1m走るのにかかる時間を求めるってことじゃないかと思います。
C　なるほど！　10mにそろえてもよさそうだね。
T　「道のりをそろえる」ってことだね。
C　1秒で走ることができる道のりを比べてもいいと思います。
C　「時間をそろえる」方法でもよさそうだね。
　　（自分で選択した方法を使って，問題の解決を試みる）
T　自分と違う方法で解いた友だちの考えを聞こう。
　　（子どもたちの間でどんなことが話題になっているか把握する）

> **Ⓟoint!**
> 　自分と違う考え方で解いた友だちとペアをつくり交流することが，深い理解につながる。

道のりをそろえる方法	時間をそろえる方法
Aさん：9÷50＝0.18	50÷9＝5.56
Bさん：8÷50＝<u>0.16</u>（速い）	50÷8＝<u>6.25</u>（速い）
Cさん：7÷40＝0.175	40÷7＝5.71

T　さっき，なぜ数が小さいと速いってことになるのか話題になっているペアがあったんだけど，なぜかな？
C　1mで秒が速いということじゃないかな。
T　それってどういうこと？
C　1mを何秒で走れるかということだと思います。
C　そうか！　だったら数は小さい方が速いね。
T　時間をそろえた場合は，数が大きい方が速いってなってるけど…。
C　道のりが長い方が速いことになります。
T　なぜ，道のりが長い方が速くなるの？
C　1秒で何m走れるかだから，道のりが長い方がそれだけ遠くへ進んでいるということだと思います。

Point!

　教師がつなぎ役となって，子どもから出た意見について「それはどういうこと？」と聞いて説明させたり，ペアでの対話で話題になったことを取り上げ全体に問い返したりすることで，速さの概念についてより深く理解できるようにする。

（大久保　頌）

6年／比例と反比例

全部数えないで
300枚の画用紙を用意しよう！

授業の概要

　授業の中でペア学習を行う際には，教師がその目的を明確にもち，子どもにも目的をしっかりもたせて取り組ませることが大切です。

　本授業は，比例の性質を問題の解決に用いる方法を考える「比例の利用」の学習です。子どもが自分の考えを深めるためのペア学習を位置づけ，それに加えて，子どもに考えをもたせるためのペア学習を臨機応変に取り入れます。まず，自力解決で，画用紙の枚数が重さに比例する関係を使って300枚の画用紙を用意する方法を考えます。その後，ペアで自分の考えを深めるようにしました。全体の学び合いでは，教師が子どもに問い返した際に考えが出にくかったため，ここでも臨機応変にペア学習を取り入れました。その都度目的を明確にし，深い学びにつなげる手段の1つとしてペア学習を取り入れることを心がけました。

問題

> 画用紙を使って「人権の花」のメッセージカードをつくります。
> 画用紙300枚を，全部数えないで用意する方法を考えましょう。

授業のねらい

ペアや全体での学び合いを通して、比例の関係にある2つの数量を見つけ、比例の性質を問題の解決に用いる方法を説明できるようにする。

 授業展開

❶比例の関係にある2つの数量を見つける

　大量の画用紙から300枚を数える場面をつくることで、数えないで用意する方法はないかという問題を提示します。その方法について、教師と子どもが対話をする中で重さが枚数に比例するという関係を導き出すのです。

T　メッセージカードをつくるのに画用紙を300枚使います。
　　（大量の画用紙を1枚1枚数え始める）
C　めんどうだな…。時間がかかりそう。
T　じゃあ、画用紙300枚を全部数えないで用意する方法はないかな？
C　重さが使えそう。
C　厚さも使えるんじゃない？
C　でも、厚さだと1枚が薄すぎるから、正しく測れないと思う。
C　それに、上から押さえたら厚さが変わってしまうから、やっぱり重さを使う方がいいと思います。
T　どうして重さが使えるのかな？
C　重さは枚数に比例しているんじゃないかな。
T　どうして比例していると言えるの？
C　枚数が2倍、3倍になると、重さも2倍、3倍になるから。

❷ペアで自分の考えを伝え合い，話し合う

　ノートに書いた自分の考えを基にして，ペアで話し合います。席を立って自由にペアをつくり，考えが少ない方から自分の考えを説明し，もう一方は違う考えを説明するようにします。

T　ペアで話し合って，自分の考えを深めましょう。

oint!

　友だちの考えを聞くときには「わかるまで聞く」という姿勢で，わからないところを質問したり，質問に答えたりすることを通して自分の考えを深めることができるようにする。

C　ぼくは，表を横に見て考えました。300÷10をすると30だから…。
C　わかりました。私は○○さんと違って，表を縦に見て考えました。300×7.3をして答えは2190gになります。
C　この7.3はどこからきたんですか？
C　73÷10をしてきまった数を求めたら7.3になりました。

❸全体で話し合う

3人の考えを取り上げ,全体で話し合います。それぞれの考えについて,質問や補足をしながら考えを深めていきます。最後は,相違点や共通点を基に話し合い,共通点をまとめにつなげていくようにします。

T 全体で話し合いましょう。
C ぼくはこのような式（300×7.3）を立てて考えました。
C きまった数が7.3だから300×7.3をして2190gです。
C なぜきまった数が7.3になるんですか？
C きまった数は $y \div x$ だから73÷10をして7.3とわかります。
（他の2人の考えについてもこのようなやりとりを繰り返す）
T 3人の考えの共通点や違うところはどこですか？

Point!

発問に対して考えが出にくい場合などは,臨機応変にペア学習を取り入れ,話し合うことで,全員が考えをもてるようにする。

C 表を縦に見たり横に見たりしているところが違うよね。
C どれも比例の考えを使っているんじゃない？

（那須有紀美）

6年／資料の調べ方

情報提供コンサルタントに挑戦しよう！

1 授業の概要

本実践は，卵240gが必要なゆりこさん（架空の登場人物）に，卵を購入する鶏卵所を紹介する活動です。

各鶏卵所の卵は右の通りです。どの鶏卵所も卵1個の平均値が60gなので，どこからでも4つ選べばよさそうですが，小屋によっては，240gから大きく外れた重さになります。

東小屋 (g)		西小屋 (g)		北小屋 (g)	
121	63	61	61	132	57
50	43	63	59	49	58
51	53	58	59	56	57
47	118	58	58	48	58
44	29	62	60	52	57
39		60	59	58	59
58		59	61	61	58
38		60	59	53	59
46		63		49	62
100		60		57	60
合計	900	合計	1080	合計	1200
平均	60	平均	60	平均	60

※学級の状況によって，東小屋・西小屋のみを取り上げてもよい。本稿でも，その2つに絞って実践している。

「なぜだろう？」この問いを基に，感覚的にとらえた分布の違いを友だちと表現し合うグループ学習を通して，深い学びへ誘います。

2 問題

1　ホットケーキをつくるために，240gになるように卵を選ぼう。
2　ホットケーキづくりを計画しているゆりこさんに，各鶏卵所の卵の情報を提供しよう。

授業のねらい

目的に応じて情報を整理していく中で,資料の特徴を平均値のみでとらえるのではなく,最頻値や中央値,さらには散らばり具合という視点でとらえることができるようにする。

授業展開

❶240gになるように卵を選ぶ

重さがわからないように裏返した卵(両面板磁石)を提示し,次のように問うことで,子どもたちの今もっている情報に関する概念を明らかにしていきます。

T 240gになるように卵を選んでください。
C 重さの情報がほしいです。平均の重さを教えてください。
T 各鶏卵所の重さの平均は,1個60gです。
C じゃあ,どこからでもいいから,4個の卵を選べばいい。

ここでは,平均が60gなので4つ取ればよいということを確認し,実際に4つの卵を各小屋から取ります。

西小屋から取ってみると,60,59,59,58で合計236g。4g違いで上出来です。

続けて,東小屋から4つの卵を取り出してみると,121,29,118,51で,合計はなんと319g!

C 東は121gとかあるんだけど、29gとかもあって、極端過ぎるからちょっとおかしい。
C 西の卵は、どれもほとんど60gだけど、東の卵は平均60gの2倍の121gとか、平均より30g以上小さい29gとか、差が大きすぎる。
T なぜ、こんな違いが生まれるんだろう？
C どんな重さがあるのか、それぞれの違いを調べてみたい。
C 各小屋の重さを順に並べてみると、その秘密がわかると思う。

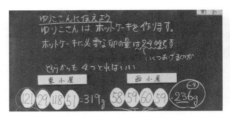

実際に4つとってみると…

Point!

選ぶ活動から生まれる疑問を自覚させ、課題意識をもって各鶏卵所の卵の様子をグループで調べさせる。その際、「ゆうこさんに伝える」という目的を確認し、表現を高める活動を設定しておく。

❷各鶏卵所の卵を調べる

各グループに各鶏卵所の卵の重さが示してあるおはじきを持たせたうえで、調査活動を促します。

C 東小屋は最高121gで、最低が29gだから、差が92g。バランスがおかしい。
C 並べてみたら、バラバラだ…。
C 図（次ページの分布図）にしてみると、東小屋の重さはバラバ

並べてみるとわかるよ

ラになってる。最大と最小の差が、東小屋は92gに対して、西小屋は5gしかない。
C　東小屋の一番重いものと一番軽いものの差はとても大きいけれど、西小屋はあまり変わらない。

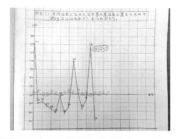

ⓟoint!
グループ学習では、ホワイトボードと実際の卵（の磁石）を持たせ、分布の様子を工夫して表現できるようにしておくとよい。

グループの友だちと学び合うことによって、中学校で学習する取り上げられる箱ひげ図（右図）に類似したような表現も見られました。表現に必然性が生まれた結果と言えます。

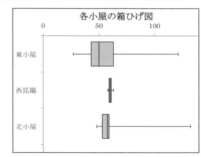

❸ゆりこさんに伝える
C　ゆりこさんに、東小屋の様子をなんと伝えればよいのかがわからない。
C　東小屋は差がありすぎるから「240gにぴったり合うこともあると思うけれど、なることが少ない」と伝えればいいと思う。
C　この図（箱ひげ図に類似した図）を見せながら伝えるのがいいよ。「東小屋は簡単には当たらない。重さがバラバラだから、240gにピッタリ合いにくい」で、どう？

（余宮　忠義）

6年／変わり方を調べて（2）

表をかいてきまりを見つけよう！

❶ 授業の概要

　本授業で扱う問題は，いわゆる鶴亀算と呼ばれるものです。授業では，まず全員が問題を解くことができるように，表を使った解決を促します。その後，数値を変えた問題を提示します。2問目を解決するときには，1問目にかいた表を使って考える子どもと，表から見つけたきまりを使って考える子どもがそれぞれいるはずです。それらの考えを全体で取り上げ，どんな考え方で問題を解いたのか交流させます。

　多様な考え方の中に，読み解くことが難しい考えがあります。そのときがペア学習のチャンスです。新しい考えを友だちと一緒に読み解くことを通して，思考・表現する力を育てていくことをねらいとしています。

❷ 問題

1　1冊120円のノートと1冊100円のノートが合わせて50冊売れました。50冊の売上高は，5100円でした。120円のノートと100円のノートはそれぞれ何冊売れたでしょうか。

2　売上高が5300円の場合は，120円のノートと100円のノートはそれぞれ何冊売れたでしょうか。

授業のねらい

ペアや学級全体での活動を通して,表からきまりを見つけて問題を解くことができるようにする。

授業展開

❶表のかき方を確認し,表を使って問題を解決する

問題１の,売上高が5100円の場合を考えます。はじめに,表に必要な項目を子どもと確認します。次に10人程度が表をかき終わるのを待って,表にかいたことを尋ねていきます。

T　早くかき終わった人は,代金も全部計算したのかな？
C　120×3とかは,計算していないです。
C　表を見ると,120円のノートのところは,120,240,360って120ずつ増えているから,全部かけ算しなくても求められます。
C　ぼくは,その段も計算していないです。今,知りたいのは売上高が5100円のときだから,売上高のところだけ,かいていきました。120円のノートの代金と,100円のノートの代金はなくてもよいと思います。
T　でも,売上高は,120円の

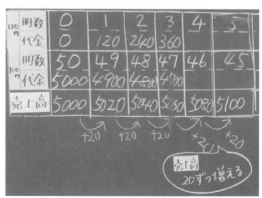

ノートの代金と100円のノートの代金の合計なのに，それぞれのノートの代金はわからなくてもよいの？
C　はい。売上高は120円のノートが1冊増えるにつれて，20円ずつ増えているから，売上高のところだけでわかります。

❷売上高が5300円の場合を考える

　続いて，「売上高が5300円の場合を調べてみよう」と投げかけます。すると表の続きをかく子と，きまりを使って式で解く子が出てきます。

T　表をまだかいている人いますか？　何人もいますね。実はもう終わった人がいるんだって。どう考えたか聞いてみよう。

> 表をかいていることを認めたうえで，表ではない考えを取り上げるようにする。

C　比を使って考えました。売上高が20円ずつ増えるから「売上高が20円」だと仮定します。今，売上高が300円増えているので，
　1：□＝20：300
　になります。
　□は15です。
C　えっ，どういうことですか…？

❸ペアでの交流を入れながら考えを深める

　「1：□＝20：300」の意味について考えるために，子どもたちを黒板の前に集め，近くの人とペアをつくります。ペアで，黒板を指さしたり，話す時間を取ったりすることで，この考えの意味を探っていきます。

T　120円のノートが1冊増えると売上高は20円増えるって書いてあるね。表のどこに書いてあるかな？
C　ここです。(指で指す)
T　なんで20円ずつ増えるのかな？
C　120円のノートが1冊増えると120円増えて、100円のノートは1冊減るから100円減ります。そしたら、売上高は120－100＝20で20円ずつ増えることになります。(教師が板書する)
C　本当だ。表を見たらわかるね。
T　次は5300－5000だね。300円ってなんのことかな？
C　ん〜。
T　近くの人と300円ってなんのことか考えてみよう。
T　300円ってなんのことかわかったかな？（表を指している子に）その指の言いたいこと書いてくれますか？

C　(矢印と＋300と書き込む)
C　なるほどね！　売上高が300円増えているってことだね。

oint!
　黒板の前に子どもたちが集まっているため、ペアで考えたり、まわりの人たちの話を聞いたりしやすい。

　このあとノートの20円に対して補足の式（20×□＝300）を提示しました。補足の説明を加えたものの、子どもたちは、言葉と表を関連づけながら、自分たちの言葉で交流し、考えを深めていきました。

(喜多　綾香)

6年／場合を順序よく整理して
どうしてどちらも 24通りになるのかな？

① 授業の概要

　それぞれが考えた２つの樹形図を比較し，樹形図を使って考える方法の理解を深めることができる授業です。

　子どもたちは，４色から３色選ぶ並べ方は，４色から４色選ぶ並べ方より少ないと考えることが予想されますが，実際はどちらも同じ24通りになります。予想と結果のズレから，なぜ結果が同じになったのかという思いを高め，課題解決に取り組ませます。

　授業のポイントは，お互いが考えた樹形図を横に並べ，ペアで比較・検討することです。考えを紹介するだけでなく，２つの樹形図の同じ部分，違う部分が何を表すのかを関連づけて考えることを通して，樹形図の表すことをとらえ直し，落ちや重なりがないように調べる方法の理解を深めます。

② 問題

　赤，紫，緑，黄の４色のうち，□色を使って旗をつくります。何通りの旗ができるでしょう。

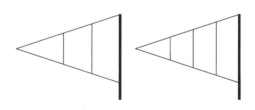

授業のねらい

4色から3色，4色から4色選ぶ並べ方について考えることを通して，樹形図を使って落ちや重なりのないように調べる方法の理解を深める。

 授業展開

❶3色と4色を選ぶ場合の結果を予想する

全員で，4色から2色選んで旗をつくる場合を解決し，樹形図を使った方法を確認します。

その後，4色から3色選ぶ場合，4色から4色選ぶ場合が何通りかを予想させ，ペアで分担して取り組みます。

- T　4色から2色選ぶ場合，12通りの旗ができました。3色選ぶ場合は何通りできそうかな？
- C　2色選ぶ場合の倍くらいかな？
- T　では，4色選ぶ場合は，何通りできそう？
- C　4色選ぶ場合は，3色選ぶ場合よりもっと多くなると思う。
- C　選ぶ色が増えるから，できる旗の種類は増えると思う。
- T　では，ペアで3色と4色の場合を手分けしてやってみましょう。

 oint!

ペアで分担して並べ方を調べさせることで，時間を短縮でき，驚きを友だちと共有できる。

❷ペアで3色と4色選ぶ場合を確認する

それぞれに解決した後,ペアで確認します。旗と樹形図を関連づけて説明することを促しましょう。さらに,それぞれのノートを左右に並べて紹介し合い,結果だけでなく,考える過程の同じ部分,違う部分に着目できるようにします。

T 樹形図を使って,ペアで紹介し合いましょう。

oint!

旗の向きと樹形図の向きを合わせることで,旗と樹形図をつないで考え,樹形図が表していることをとらえやすくする。

C 3色選ぶ場合は,最初が赤のとき6種類できる。あと最初が紫と緑と黄のときがあるから,6×4＝24で,24通り。

C 4色選ぶ場合は,最初が赤のとき6種類できる。あと最初が3色あるから,6×4＝24で,24通り。

C あれっ,どっちも24通りだし,説明も似てる。
T それはないでしょう。どっちかが間違っているんじゃない？
C もう一度確かめてみよう。
C どっちも間違えていないし,結果は24通りになる。

❸どうしてどちらも24通りになるかを考える
　2種類の樹形図を比較し，4つの中の3つを並べるときは，残った1色と並べていることと同じであり，4つの中の4つを並べるときと同じであることを考えることができるようにします。

T　選ぶ色の数が増えるとできる旗も増えると予想したけれど，同じになったね。違う樹形図なのに同じ計算になった。どうしてかペアで考えよう。

oint!
　3色選ぶ場合と4色選ぶ場合の，旗，樹形図を並べて比較することにより，同じ部分と違う部分に着目できるようにする。

C　4色から3色選ぶ樹形図と，4色から4色選ぶ樹形図は似てる。
C　（囲みながら）2つの樹形図のこの部分は同じ。
C　4色から3色の樹形図に，（囲みながら）この部分をくっつけたら，4色から4色選ぶ樹形図になる。
C　つけ足すところがあってもなくても，同じ結果になる。
C　残りの色が2種類以上あったら種類も増えるけれど，1種類しか残っていないから，同じ結果になる。
C　樹形図から，いろいろなことが見えてくるね。

(金井　義明)

おわりに

　「学び合い」とは，子ども一人ひとりの学びを進め・広げ・深める場です。
　そこでは，3種類の「ズレ」を生かす工夫があります。「縦のズレ」「横のズレ」「前後のズレ」です。
　「縦のズレ」とは，答えがわかった or わからない，できた or できないという子ども同士のズレです。たいていの場合，算数の問題は答えが1つになります。つまり，その答えにたどり着いた子どもとたどり着かない子どもが混在するのが，この「縦のズレ」です。
　「横のズレ」とは，子どもによるやり方（解決方法）のズレです。多様な考えを引き出すことができる問題の場合，このズレが重要になります。Aというやり方，Bというやり方，Cというやり方…，同じ答えでもたどる道筋の違いや説明の仕方が存在することが，この「横のズレ」です。
　「前後のズレ」とは，既習事項とのズレです。活用する力を身につけさせたい場合，既習の方法が使えない問題を設定することによって，「前後のズレ」が生み出されます。
　実は，この3つの「ズレ」のどれも，教科書通りに授業を進めていけば自然に発生します。しかし，よい授業者は，このズレを意図的，効果的に利用します。ズレるようにしかけていくわけです。このズレを明確にすることこそが学び合いに向かう原動力になるからです。
　「どうして○○さんは簡単に答えが出たのかな」（縦のズレ）
　「あれ？　○○さんの式は私の式と違うな」（横のズレ）
　「これまでの方法だと解けないな…」（前後のズレ）
　こんな問いが，学び合いに向かわせるのです。
　そうです。学び合いとは「問いの共同追究」に他ならないのです。

　「今日，だれかの力を借りてできたことは，明日，自分一人でできるようになる」

ロシアの児童心理学者ヴィコツキーの言葉です。
　「一人ぼっちで孤独に問題解決をするのが算数授業である」という思い込みをやめましょう。
　「自力解決」という名のテストを長時間強いるのもやめましょう。
　「共同解決」という名の発表会を延々続けるのもやめましょう。
　子どもだけでなく，人が学ぶということは，「自分の中の何かが変わる」という創造的な営みのはずです。形式を追うのでなく，子どもの思考の中に「問い」や解決の芽を見いだしましょう。

　ペア学習やグループ学習は「働きかけ改革」なのです。
　子どもたちをアクティブラーナーに育てたいならば，子どもたち自身が話し合い，考えを確かめ合う場が欠かせません。子ども同士の働きかけによって学びは深くなるのです。
　本書では，そんな願いを込めて，ペア学習＆グループ学習の事例を全学年に渡って紹介しました。紙幅の関係で限られた時間の紹介にはなっていますが，その前後の授業や行間の活動を想像しながら読み進めていただけたものと信じています。
　教室の子どもの実態が違えば，同じ教材，指示，発問でも，反応はおのずと変わってきます。だからこそ読者の先生方にも，本書に働きかけていただきたい，先生方自身にアクティブラーナーになっていただきたいと願っています。
　本書は安直なマニュアル本ではありません。すべては読者の先生方の実践にかかっています。本書をきっかけとして，子どもたちがいきいきと学ぶ学び合い授業が全国に創造されることを願っています。

　　2018年5月

　　　　　　　　　　　　　　　　　　　　　　　　　藤本　邦昭

【執筆者一覧】

宮本　博規（熊本市立白川小学校長）
藤本　邦昭（熊本市立飽田東小学校長）
清水　　修（熊本市立白川小学校）

大久保弘子（熊本市立白川小学校）
井手　理恵（熊本市立池上小学校）
篠田　啓子（熊本大学教育学部附属小学校）
園田　耕久（熊本市立慶徳小学校）
伊達真由美（熊本市立帯山西小学校）
金井　義明（熊本市立帯山西小学校）
本田　貴士（熊本市立小島小学校）
美坂　　光（熊本市立城東小学校）
田上　美樹（熊本市立五福小学校）
瀬田　浩明（熊本市立白川小学校）
日方恵美子（熊本県宇土市立宇土東小学校）
中村栄八郎（熊本市立田迎南小学校）
根本　　敬（熊本市立桜木小学校）
菅　　建二（熊本市立桜木小学校長）
大林　将呉（熊本大学教育学部附属小学校）
林田　　晋（熊本市立画図小学校）
余宮　忠義（熊本市立弓削小学校）
大久保　頌（熊本市立田原小学校）
那須有紀美（熊本県宇土市立宇土東小学校）
喜多　綾香（熊本県宇土市立花園小学校）

【編著者紹介】

宮本　博規（みやもと　ひろき）
1958年熊本県生まれ。熊本市立白川小学校長。
熊本市校長会会長。前熊本市教育センター所長。
著書に，『スペシャリスト直伝！　算数科授業成功の極意』『算数学び合い授業スタートブック』『算数学び合い授業ステップアップブック』『算数学び合い授業パーフェクトブック』（いずれも明治図書）他。

藤本　邦昭（ふじもと　くにあき）
1965年愛媛県生まれ。熊本市立飽田東小学校長。
著書に，『算数で活用型学力が育つ授業のヒミツ』『実務が必ずうまくいく　研究主任の仕事術　55の心得』（いずれも明治図書）他。

清水　修（しみず　おさむ）
1979年熊本県生まれ。熊本市立白川小学校教諭。
熊本市算数教育研究会研究部長。熊本教育サークル「七八会」代表。

【著者紹介】
熊本市算数教育研究会
（くまもとしさんすうきょういくけんきゅうかい）

ペア学習＆グループ学習でつくる
算数学び合い授業アイデアブック

2018年7月初版第1刷刊　Ⓒ編著者　宮　本　博　規
　　　　　　　　　　　　　発行者　藤　原　光　政
　　　　　　　　　　　　　発行所　明治図書出版株式会社
　　　　　　　　　　　　　　　　　http://www.meijitosho.co.jp
　　　　　　　　　　（企画）矢口郁雄（校正）大内奈々子
　　　　　　　　　　〒114-0023　東京都北区滝野川7-46-1
　　　　　　　　　　振替00160-5-151318　電話03（5907）6701
　　　　　　　　　　　　　ご注文窓口　電話03（5907）6668

＊検印省略　　　　　　組版所　株式会社明昌堂

本書の無断コピーは，著作権・出版権にふれます。ご注意ください。

Printed in Japan　　　　　　ISBN978-4-18-186812-3
もれなくクーポンがもらえる！読者アンケートはこちらから

実務が必ずうまくいく 研究主任の心得 55の心得 研究主任の仕事術

藤本 邦昭 著
Fujimoto Kuniaki

A5判／132頁
1,760円+税
図書番号：1745

校内研修の計画書づくりから、研究授業、研究発表会のプロデュース、職員の負担感の軽減まで、研究主任業務の表も裏も知り尽くした著者が明かす、実務の勘所と必ず役に立つ仕事術。若葉マークの研究主任も、この1冊さえあればこわいものなし！

実務が必ずうまくいく 教務主任の心得 55の心得 教務主任の仕事術

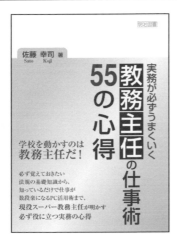

佐藤 幸司 著
Sato Koji

A5判／128頁
1,800円+税
図書番号：0150

必ず覚えておきたい法規の基礎知識から、教育課程を円滑に編成するためのステップ、知っているだけで仕事が数段楽になるPC活用法まで、現役スーパー教務主任が明かす実務の勘所と必ず役に立つ仕事術。若葉マークの教務主任も、これさえあればこわいものなし！

明治図書　携帯・スマートフォンからは **明治図書ONLINE へ**　書籍の検索、注文ができます。 ▶▶▶

http://www.meijitosho.co.jp　＊併記4桁の図書番号（英数字）でHP、携帯での検索・注文が簡単に行えます。

〒114-0023　東京都北区滝野川7-46-1　ご注文窓口　TEL 03-5907-6668　FAX 050-3156-2790

＊価格は全て本体価表示です。

子どもをアクティブにするしかけがわかる！

小学校算数
「主体的・対話的で深い学び」

盛山 隆雄 編著
加固希支男・松瀬 仁・山本大貴 著
志の算数教育研究会 著

30

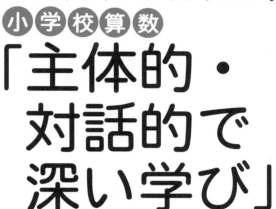

　算数の授業で「主体的，対話的で深い学び」（アクティブ・ラーニング）を実現するにはどうすればよいのか。「問題提示」「発問」「指名・発表」「板書」「まとめ」など，場面ごとのしかけを明らかにした 30 の授業実践で，その問いに応えます。

もくじ

第1章
教師のしかけ１つで
子どもはアクティブに学び出す
1　「主体的・対話的で深い学び」実現のために
2　子どもをアクティブにする授業の「しかけ」

第2章
子どもをアクティブにするしかけがわかる！
主体的・対話的で深い学び30
・動物はどこにいる？（1年／なんばんめ）
・何が同じで，何が違うのかな？（2年／かけ算）
・式の意味を図で説明しよう！（3年／円と球）
・当たりくじってどんなくじ？（4年／わり算の筆算）
　　　　　　　　　　　　　　　…ほか 30 の授業実践例

136 ページ　B5判　2,200 円＋税　図書番号：2613

明治図書　携帯・スマートフォンからは **明治図書 ONLINE へ**　書籍の検索、注文ができます。▶▶▶
http://www.meijitosho.co.jp　＊併記4桁の図書番号（英数字）でHP、携帯での検索・注文が簡単に行えます。
〒114-0023　東京都北区滝野川7-46-1　ご注文窓口　TEL 03-5907-6668　FAX 050-3156-2790

＊価格は全て本体価格表示です。

『授業づくりの技事典』も大好評！

■ 二瓶 弘行 [編著]
■ 国語"夢"塾 [著]

物語文、説明文、スピーチ、インタビュー、語彙、作文、日記…等々、幅広いバリエーションで、すぐに使える国語授業のネタを80本集めました。10分でパッとできるネタから1時間じっくりかけるネタまで、目的や場面に応じて活用可能です。

176ページ／A5判／2,160円+税／図書番号：1273

楽しく、力がつく授業をもっと手軽に！

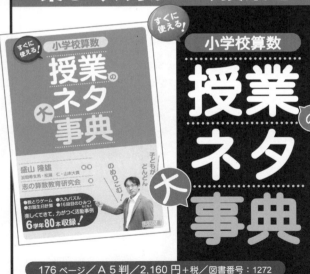

大好評発売中！

■ 盛山 隆雄 [編著]
■ 志 算 研 [著]

10づくり言葉遊び、数とりゲーム、九九パズル、虫食い算、対角線クイズ、16段目の秘密…等々、幅広いバリエーションで、すぐに使える算数授業のネタを80本集めました。子どもがどんどん授業にのめりこむこと間違いなし！

176ページ／A5判／2,160円+税／図書番号：1272

明治図書　携帯・スマートフォンからは　**明治図書 ONLINE へ**　書籍の検索、注文ができます。▶▶▶

http://www.meijitosho.co.jp　＊併記4桁の図書番号（英数字）でHP、携帯での検索・注文が簡単に行えます。

〒114-0023　東京都北区滝野川7-46-1　ご注文窓口　TEL 03-5907-6668　FAX 050-3156-2790

＊価格は全て本体価表示です。